たった3つのMBA戦略を使ったら

発達障害の息子が麻布中学に合格した話。

元テレビ東京アナウンサー
赤平 大

飛鳥新社

はじめに

はじめまして。アナウンサーの赤平大です。

声の仕事を始めて、2024年で24年目になります。キャリアをスタートしたのはテレビ東京でした。報道キャスターとスポーツ実況、ナレーションの仕事をメインに担当し、2009年にテレビ東京を退社。以降は芸能事務所に所属し、テレビ番組などのナレーションやボクシングやフィギュアスケートなどスポーツ実況、さらには司会業、講演や教育機関での講義などが仕事です。また自分のキャリアの幅を広げるため早稲田大学大学院でMBAを学びました。

そんな中、2021年からアナウンサー業と並行して、まったく異なる仕事もしています。

それが、発達障害専門の動画メディアの運営です。自分で会社を立ち上げて、発達障害や〝ギフテッド〟の子どもを持つ保護者、関わっている教育者やビジネスパーソン向けに特化した**発達障害動画メディア『インクルボックス』**を立ち上げました。

『インクルボックス』は、映画専門チャンネルやスポーツ専門チャンネルのように「発達障害専門チャンネル」です。発達障害やギフテッドの当事者に向けたもの、というよりも、正しい知識や最新情報の発信を通じて、周囲の人たちの知識を高めて発達障害への理解ある環境や社会を作ることを目的としています。

発達障害とは、ASD（自閉スペクトラム症）、ADHD（注意欠如・多動症）、LD（学習障害）、DCD（発達性協調運動障害）など、先天的な脳機能の〝偏り〟のことです。偏りによって身体や行動、言語、学習などの能力にも極端な得意・不得意があります。

ギフテッドは、生まれつき高いIQ（知能指数）や突出した能力のこと、またそうした能力を持つ人のことをいいます。ギフテッドの医学的な定義も未だに曖昧ではあるのですが、発達障害の中にはギフテッドの特性を併せ持つケースもあり**「Twice Exceptional（＝2E）」**と呼ばれています。ですから、『インクルボックス』は、発達障害と2Eのメディアでもあります。

なぜアナウンサーの私が、こんな活動をしているのか。

それは息子のためです。2024年で中学2年生になる私の息子もまた、発達障害であり2Eだからです。

息子はADHDの診断を受けています。発達障害は、いくつかの障害を併せ持つことがほとんどで単独のケースは極めて少数です。息子もADHD以外に、ASD、LD、DCDなどさまざまな特性があります。小学生の頃の息子が抱えていた特性や困り事を文字で表すとこんな感じです。

- **こだわりが強い。**
- **衝動的、突発的に動いたり走り出したりしてしまう。**
- **長時間座ったりジッとしたりしていられず、落ち着きがない。**
- **一つのことに、ずっと集中することが苦手。**
- **相手の気持ちや空気を読むことが苦手。**
- **他人とのコミュニケーションが上手くとれない。**
- **周りに合わせられず、集団行動が苦手。**
- **運動全般、手指を使う細かい作業も苦手。**

- **文字や文章が上手く書けない。**
- **極端に忘れっぽい。**
- **整理整頓が苦手。**
- **聴覚が過敏で大きな音が苦手。**

これ以外にも、たくさんあります。

同時に高IQを持ち合わせています。子どもの知能を客観的に測定するウェクスラー式知能検査、通称〝WISC－Ⅳ〟の4つの指標のうち、息子は「言語理解」と「ワーキングメモリ」が突出しています。この「ワーキングメモリ」とは情報を一時的に保管しておく能力のこと。一方で、入ってきた情報をスムーズに処理する「処理速度」が相対的に低いという数値が出ています。高いワーキングメモリで情報を大量にストックしても、効率的に処理できないので〝入れたものを使いこなせていない〟ということになります。情報の取捨選択ができず頭の中がパンクしてしまうので、判断が大幅に遅れたり迷ったりと、日常生活では大きなハンデです。

こうしたさまざまな特性を抱えているため、自分の能力を上手く使えない息子の日常生活では、多くの場面で〝困りごと〟が起こります。私をはじめとして、誰かのサポートがないと社会の中で上手く生きることが大変です。ただ、そうはいっても四六時中サポートがあるわけではありませんから、周囲の人の理解が不可欠なのです。

しかし残念ながら、今の日本では一般社会はもちろん教育現場でも、発達障害や2Eへの理解、正しい知識が十分に浸透しているとは言えません。この10年ほどで、発達障害を取り巻く状況は格段に良い方向に進み、情報は豊富になっていますが、まだまだ必要十分からは程遠いのです。

私は息子が大好きです。心から愛しています。そして、子育てがこんなに「ワクワク」するものだとは知りませんでした。

発達障害の子育てというと、多くの方は、「親は大変だろう」「毎日苦労しているだろう」と思うかもしれません。実際に、周りの人からそう言われることもあります。もちろん考えることや心配する場面は多いのかもしれませんが、そもそも子育ては、発達障害も定型発達も同じように大変で苦労の連続。たしかに定型発達の子どもに比べたら、親がやらなければいけないことや考えなければいけないことは多いのかもしれませんが、それ以上に、**発達障害を持つ息子の子育ては、凡人の私には思いつきもしない視点や新しい発見、そして驚きと喜びに満ち溢れている世界**です。**息子と接していると、本当に「ワクワク」するポイントがたくさんある**のです。

息子が生まれた時、私は大げさでなく、こう確信しました。

「僕が生まれた理由は、息子を幸せにするためだったんだ」

「息子のために、命を使い切ろう」

もがきながら右往左往しながら、それでも日々夢中で100％のエネルギーで、息子と向き合ってきました。周りの人からは苦笑いされてしまうのですが、彼が物心つく前から、そして中学生になった今も、毎日必ず、こう伝えています。

「お父さんは君のことが大好きだよ」

「生まれてきてくれてありがとう。お父さんを幸せにしてくれて、ありがとう」

私の人生のミッションは、そんな愛する息子が大人になった時――**私がいなくなった後でも、安心、安全に1人で生活していけるようになる**こと。**幸せな人生を送れるようにする**こと。

そのためには、本人の努力はもちろんですが、**発達障害を受け入れられる大きな土壌が必要**だ、と思いました。そう考えると、息子が成人し社会に出るまでに残された時間は10年もない。時間がありません。

「私にできることは何だろう？」

「まず私が正しい情報や知識を発信していこう！」

新しい情報、正しい情報を広く手軽に伝えることは、テレビやアナウンサーの得意な仕事。

こうして私は発達障害動画メディア『インクルボックス』を立ち上げることになったのです。

そんな息子は2023年2月、私立中学校の受験を経験しました。

小学5年生頃から、神奈川の横浜にある発達障害支援の手厚い私立中学を第1志望に決めて、息子と一緒に学校訪問や体験入学をして受験の準備をしていたのですが、**6年生の12月、息子がある中学を「受験したい」と言い出しました。**

それが、東京都港区にある〝**麻布**〟――**麻布中学校**でした。

麻布は、開成中学や武蔵中学と並んで〝御三家〟と呼ばれる都内私立中高一貫校の1つ。大手中学受験情報サイトによると偏差値は68です。進学校でありながら、子ども〝自立〟〝自由〟を重んじる学校としても知られています。岩手県で育ち、中学受験なんて考えが存在もしなかった私でも名前は知っているくらいの伝統校であり難関校です。

「受けたい」と言い出した2か月後、息子はその麻布に合格しました。

中学受験のための進学塾には通っておらず、自宅で市販の教材で勉強しました。塾に通っていないので情報もなく、中学受験生なら誰もが学ぶ解答テクニックなども知りませんでした。受験を決めたのが入試2か月前というタイミングだったので、麻布の学校説明会や文化祭にも参加できず、麻布のことをちゃんとわからないまま入試に臨みました。

そんな状況下だったのに、なぜ麻布を受けたのか？　息子が「麻布を受けたい」と言った時、私はチャンスだと感じたからです。**合格や不合格は関係なく、1つのことを限界ギリギリまで頑張る機会になる**と思ったからです。そんな経験は滅多に訪れません。ギリギリまで頑張るために、受けるからには合格するために、「残り2か月という時間をどう使うか」を息子と検討しました。こうした経験が、「必ず将来に生きる」と確信していました。

ラッキーだったのは、発達障害動画メディア『インクルボックス』の活動のおかげで、私が発達障害の学習支援など、息子の能力を伸ばす方法を身につけていたことでした。日本や世界の専門家への取材活動や動画配信などを通じて、最新の知識や支援方法が自然と蓄積されていったのです。

そしてもう1つ、**MBAで学んだ〝戦略〟が、発達障害支援にも応用が可能だったことも大きなカギ**になりました。

それが、**「両利きの経営」「仮説思考」「差別化集中戦略」**という、たった3つの戦略です。

その上で残り**2か月間に私と息子がやったことは、「記述力をひたすら高める練習」という、たった1つ**だけ。そして記述力を高めるために行った勉強法は、2つだけでした。先にそれを少し書いてみます。

麻布受験2か月前から「〝山川の日本史〟を要約」

麻布の入試問題の最大の特徴は「記述問題の多さ」で、「質・量ともに難関校の中でも群を抜いている」と言われています。過去問を見ると、大人の私でもまったく歯がたたない問題だらけです。詳しくは後ほどお話していきたいと思うのですが、発達障害の影響で息子は、この記述――「書く」という作業が極端に苦手です。自分の頭の中にある情報の中から、必要な部分だけを抜き出し整理して答案に書き込むことが上手くできません。ワーキングメモリと処理速度が関係していて、単純な問題ではありません。

普通に考えて、息子と麻布との〝相性〟は最悪だと感じました。

記述力を劇的に引き上げない限り、合格は不可能。でも、上げようにも、時間は2か月しかありません。塾にも行っていませんし、私は勉強を教えるプロではありません。並大抵のことをしていたのでは、書く力を麻布合格レベルまで引き上げることなど、できようはずがありません。

どうするか。

私は、極端な作戦に出ようと決めました。

それは一般的な勉強――**漢字読み書きや知識の暗記、計算など一切捨てて、「書くことだけを練習する」**ということ。記述力アップだけに完全に振り切った作戦です。

麻布の試験で最も得点配分の高い記述問題を攻略するしか、合格への道はありませんし、苦手であるからこそ、得点の伸び代があると考えました。

私はここまでの状況を全て息子に話し、この戦略を提案してみました。

「このままだと、きみは麻布には絶対に受からない」

「勝つための戦略なんだけれど……お父さんと〝ギャンブル〟してみないか？」

私の言葉に、息子は少しも迷いませんでした。

「うん、やってみる」

記述力を上げるために使用した教材は2つ。1つ目は**山川出版社発行の『詳説・日本史』**です。

通称〝山川の日本史〟と呼ばれる教科書ですが、この**〝山川の日本史〟を「ただひたすら要約」**する。それが私の選んだ作戦でした。

「80ページの内容を、この3つの言葉を使って80字に要約しなさい。制限時間は3分」

「155ページから158ページまでを、この5つの言葉を使って300字で要約しなさい。制限時間は5分」

このように、ある範囲の中でキーワードを抜き出し問題文を作成します。制限時間も文字数も適当に決めます。**この作戦の目的は、とにかく「情報を整理し書き出す」**ということ。高いワーキングメモリの影響で頭の中に大量にインプットされた情報を、苦手な情報処理力で整理し、書く。

解答は正解でも不正解でも、文章としてまとまっていなくてもOK。とにかく「時間内に、書かれている情報の整理をして文字数内に書く」ということだけに特化して、1つでも多く数をこなすことを優先しました。残された時間がない中で〝質より量〟という選択しかなかったのです。

過去問も〝丸付け〟はせず「とにかく量を」

2か月間で記述力を上げるために使用した2つ目の教材は、**「過去問」**です。

中学受験界で〝銀本〟と呼ばれている過去問題集があります。大学受験の時に使う過去問集を〝赤本〟と言いますがその中学受験版で、公立中高一貫校向けのものや私立中高一貫校共学校向けのもの、男子校向けのものなど色々あります。

その銀本のうち、**「国語の〝記述問題〟だけをひたすら解く」**ようにしました。漢字読み書き問題や抜き書き問題、選択問題には一切手を付けず、とにかく記述問題だけ。さらに、

「わからなかったら、答えを見ながら書いてもいいよ」

と息子には伝えました。**書くことへのアレルギーを減らし、書き慣れるためには「答え丸写し」でも良い**という判断です。書きっぱなしやりっぱなしで次の問題、また次の問題……と取り組んでいきました。ここでも私が〝丸付け〟はしません。採点をしたり確認作業をしてしまうと、その分だけ時間が失われてしまいます。

年が明けて1月に入ってから、麻布の過去問をやってみることにしました。

数年分の過去問に取り組み、採点結果をグラフ化してみると、得点がどんどん伸びていくのがはっきりとわかりました。過去問には、各年度の科目ごとの合格最高点と最低点が記載されています。それと比較すると、息子の得点が合格最低点を上回るようになったんです。

鬼門だった記述問題も、徐々に書けるようになっていました。記述特化が上手くいっ

ているように感じました。

「これは、本当に受かるかもしれない……」

嬉しさと同時に、〝不安〟な気持ちになったことを覚えています。

そして、その不安は現実になりました。

この本は私と息子の「トライ&エラーの記録」

こうして書くと、「受験勉強たった2か月で合格した」という部分だけがフォーカスされてしまうかもしれません。実際、息子の中学受験の件でいくつかのメディアから取材を受けたのですが、記事になるとやはり、

「発達障害を持ちながら麻布に合格」

「しかも塾にも行かず準備期間2か月で」

という部分だけがどうしても前に出てしまいます。また、この麻布受験についての私のインタビュー記事を読んだ方からは、こんな声もありました。

「ギフテッドだから、麻布に受かったんでしょ」

高IQ、2Eとして能力があったからということは、結果に作用したでしょう。息

子の特性が、たまたま「麻布の中学受験と相性が良かった」ことも間違いありません。でも、高IQだから勉強ができるわけでは決してありません。こうした誤解や偏見が、多くの当事者や家族を苦しめていることもまた事実です。

麻布を受験すると決めたのは、たしかに2か月前でしたし、塾にも通っていなかったことは本当ですが、「それまでまったく勉強していなかった」ということではありません。息子は小学生になった頃から、毎日少しずつ家庭学習を続けてきました。でも、ADHDの特性で、息子の集中力は30分ももちません。

「どうやったら、息子が勉強を続けられるか？」

登校前の朝の短い時間や〝スキマ〟時間を使ったりしながら、細切れに勉強することを息子に提案し、時間をかけて習慣にしました。やはり、何もせず、勝手に勉強ができたということではないのです。

勉強だけではありません。運動や日常生活のあらゆることを、

「何を、どうしたら、息子が成長できるだろう？」

とトライ&エラーを重ねてきました。発達障害に関する論文をたくさん読んだり、発達障害動画メディア『インクルボックス』の活動を通じて得た知識やメソッドの中

から、息子に使えそうなスキルを実践して、たくさんの失敗の中から成功した方法を、今度は習慣化する——そんな作業の繰り返しです。上手く行くことなんてほとんどありません。上手くいかないことだらけです。

この本でこれからお伝えすることは、そうした私と息子のトライ&エラーの記録です。勉強だけでなく、日々の生活の中で私と息子がいつ、どんなことを、どのように、なぜしたのかをなるべく詳しく書いたつもりです。

2022年に行われた文部科学省の調査では、小・中学校の普通学級に通って

いる8・8％の子どもに、「学習や行動に困難があり発達障害の可能性がある」ということがわかって大きなニュースになりました。小学校だけで見ると10・4％という結果でした。1クラスに3人以上の割合です。

発達障害はその特性の強さも広さも重なり方も、1人1人異なります。100人いたら100通りの苦手や困りごとがあります。ですから、皆さんにとって、私が書くこの記録が果たしてどれだけ役に立つのか、正直なところわかりません。

それでも、1つでも、読んでくださる皆さんの何かヒントになるのならば、発達障害や2Eについてより理解してくれる方が1人でも増えてくれたのならば、息子と、そして生きづらさを抱えるすべての子どもたちの毎日が少しでも明るく軽やかになってくれたのならば、私のように、発達障害の子育てが「ワクワク」するものになるのであれば、息子との数えきれない失敗も意味があったのだと、そう思っています。

赤平 大

1章

息子の凸凹を知って無知な父が大急ぎでやった9のこと

2章

凸凹息子の日常生活支援でやった18のこと

3章

凸凹息子の学習支援でやった11のこと

4章

凸凹息子と麻布受験支援でやった10のこと

1章

息子の凸凹を知って無知な父が大急ぎでやった9のこと

01

保育園からのプリントを理解してしまう「特別な子」

息子が「普通の子どもと違うらしい」と最初にわかったのは4歳の頃でした。

きっかけは保育園の先生からの指摘でした。

当時息子は、日本人の先生と外国人の先生が半分半分、園内の会話は日本語と英語の両方で行われる私立保育園に通っていました。決してバイリンガル教育をしたかったわけではありません。この頃、社会問題にもなっていた〝保育園不足〟がわが家を直撃し、どこの保育園もなかなか入れなかったためです。この保育園は新設だったので〝一番入園しやすかった〟というだけの理由で選びました。

息子が年中さんになったある日のことです。

お迎え時に外国人の先生が、にこやかにこう声をかけてくれたんです。

「赤平さん、息子さんは家でも、たくさん勉強をしているんですね」

私は何のことかわかりませんでした。家では英語どころか日本語すら勉強していません。絵本の読み聞かせを、たまにしていたくらいです。

「えっ？　いや、特にしてないですけど……」

「そうですか……。でも息子さんは、英語をほとんどわかっていますよ。漢字も大人が読む文章を読めています。この〝お知らせ〟の内容も、ほとんど理解できているし……」

〝お知らせ〟というのは園からの保護者向けのプリントで、中身は英語と漢字混じりの文章で書かれています。

先生にそう言われてみると、たしかに思い当たる節がありました。家の中にあるモノに書かれている文字や街中にある看板などの文字は、その頃からきちんと読めていました。ほかの子どもと比較できる機会もなかったので、「そんなものかな」と思っていました。

「息子さんは、きっと何か〝特別なもの〟を持っていると思います。一度、きちんと調べてもらったらどうでしょう？」

そう言われてからしばらくして、都内にある発達障害のサポート施設で専門家に検査をしてもらったところ、小学校に入学するまでの間、区の療育施設に通うことを勧められました。以降、息子は週に一度、最寄りの施設へ通いながら、運動をしたり、ほかの子どもたちと一緒に過ごしたりするカリキュラムに参加しました。

この時点ではまだ、息子が発達障害だと診断されたわけではありませんでしたし、私自身も正直、「なぜ療育施設に通うのか」もよくわかっていませんでした。行政から「通ってみてください」と言われたので、その通りにしてみた、というだけです。「人間には、できることやできないことがある。これは本人の個性だろう」と思っていました。

言うことを聞かず落ち着きがなかったり、座っていても姿勢を保てなかったり、食事の時には箸を上手に使えなかったり、ブランコが上手に漕げないしボールも投げられないということはたしかにあったけれど、子どもであれば珍しくないですし、日常生活で、特に困るようなこともありませんでしたから。

今から振り返るとなんとものんびりした父親です。

後に発達障害を勉強してわかったことなのですが、一般的に、**発達障害がわかりやすくなるのは6〜7歳、ほかの子どもと比較しやすくなる小学校入学前後**だと言われています。ですから、私のように気づけなかったという親は少なくないそうです。

息子が最終的にADHDと診断され、2Eとわかったのも小学校入学前でした。

再度、専門家による診断を受け、その結果によって小学校では、

①一般のクラスに通う。

②一般のクラスに在籍しながら週に数回〝通級〟通級指導教室と呼ばれる特別支援教育を受ける。

③特別支援学級に通う。

かが決まるというのです。通級というのは、国語や算数のような教科を学ぶのではなく、発達障害などで読み書きや対人関係が苦手な子どもが、そうした〝生きづらさ〟を改善するための自立活動を学ぶ個別または少人数のクラスのこと。子どもひとりひとりに合わせたカリキュラムに沿って学んでいきます。通級はその名の通り、その時間だけ普段通っている小学校から、特別支援を行う別の学校に〝通って〟授業を受けるのですが、私が暮らす東京都では現在、通級は特別支援の先生が各学校を回る巡回

指導で行われるケースがほとんどです。２０２３年3月の国の発表によれば、日本全国でこの通級を受けている小中学生、高校生は約18万人にのぼります。

診断の結果、息子は②通級という判定になりました。息子の通級も他校に通わず、自分の小学校内にある通級指導教室に移動して教育を受けるだけで済みました。

私がＡＤＨＤという言葉を知ったのもこの時です。もちろん療育施設に通っていた時点で、「普通と違う」ということは理解していたつもりでしたが、「大人になれば、だんだん収まってくる」「良くなってくるのかな」くらいの感覚でしかありませんでした。

そう。当時の私は、根本的なところで発達障害というものを理解していなかった——まったくわかっていなかったのです。

02 不勉強な父の大失敗「できないのは〝障害のせい〟なのに」

息子は小学校入学と同時に、急速に困りごとや問題が増えていきました。

いわゆる〝小1の壁〟です。授業はもちろん給食の時間や登下校……小学校では、すべての場面でクラスメイトと一緒に集団行動が求められます。ひとりで遊んでいてもよかった保育園や療育施設のようにはいきません。発達障害の子どもはここでつまずくことが少なくありません。

毎日必ず何かしら忘れ物がありました。上履きを履くことが苦手で、いつも裸足で過ごしていました。教室でイスにジッと座っていられません。授業中に立ち歩いたり教室から出て行ってしまうこともしばしば。

入学して最初の授業参観。行ってみると教室に息子の姿がありません。「どこにいるんだ!?」と思ったら、教室の後ろで床に寝転がって本を読んでいたこともありました。通学路も油断できません。ボーッとして気づかないのか赤信号を無視して横断歩道を渡りだしたり、何かが気になって急に車道に飛び出してしまうこともありました。

この頃は毎日、担任の先生からの電話がありました。**その日起きたことを先生から報告してもらい、同時に翌日の〝持ち物〟や提出物を先回りして教えてもらいました。遅刻やトラブルに巻き込まれないよう学校の登下校は毎日付き添い**ました。それでも発生する忘れ物を取りに自宅から小学校まで往復したことも数え切れません。当時すでにフリーアナウンサーだったのでできましたが、テレビ東京にいたサラリーマン時代だったら絶対に無理でした。

その頃の私は発達障害に対しての正しい知識を、まったく持ち合わせていませんでした。

「なんで息子は何度も忘れ物をするんだ……？」

「もっと厳しく、徹底的にしつけをしたほうがいいんじゃないか……？」

息子に対して、「なぜできない」という怒りが先に来てしまいます。

「信号をよく見て！」

「なんでプリントを忘れてきたんだ！」

「なんでみんなと仲良くできないんだ！」

「ご飯をポロポロこぼさない！　ちゃんと食べなさい！」

「怠けるな！　なんでちゃんとできないんだ！」

「何度言ったらわかるんだ！」

叱ってばかりいました。できない息子が悪いのだ、と。

今、この本を書きながら思います。昔に戻ってそんな自分を殴り倒したくなるくらい、ひどい父親です。

そんなある日、ふと自宅の本棚にあった一冊の本が目に留まりました。ずっと以前に買ったまま、一度も読むことなく放置していた発達障害——ADHDについての本でした。著者は精神科医の司馬理英子先生。発達障害のクリニックを開いている専門家です。

ADHDとは何か、多動症とはなにか、注意欠如とはどういうことか……原因や症状、そして対策が専門家の視点で、かつ、とてもわかりやすく書かれていました。目からウロコでした。

決して特別なことが書いてあるわけではなく、非常にオーソドックスな内容です。

そんなことすら、当時の私は勉強していなかったわけです。本当にダメな父親です。

この本を読んで、息子が車が走ってきているのに道に急に飛び出してしまうのにも、ちゃんと息子なりの理由があったのだと知りました。私も含めて、多くの人が道を渡ろうとする時は、

「向こうから走ってくる車との距離があのくらいあって……」

「これくらいの速度なら安全に渡り切れる」

そう状況を判断してから渡ります。でもＡＤＨＤはモノとモノとの位置関係、自分とモノとの距離といった空間把握がとても苦手な場合があります。空間把握能力が低いのに「大丈夫」だと判断してしまう。加えて、注意力の低さや衝動性もあいまって、本人は「行ける」と思ってスタートする。結果、周りからは突然飛び出しているように見える。発達障害についてきちんと学んできた親なら知っていて当然のことを、私はその時、初めて知ったのです。

「……なるほど、そうだったのか……」

本を読み進めるうちに、どんどん恥ずかしさを覚えていきました。私は息子を〝自分〟というバイアスで見ていただけ。その前に、**発達障害、ＡＤＨＤというフィルター**

を1枚かけることができていれば、息子の言動に対しての見え方は変わっていたはずです。私はそれができていなかった。

「僕が完全に間違っていた……」

「あぁ……取り返しのつかないことをしてしまった……」

息子へのこれまでの言葉や態度を思い返すと、とてつもない後悔が襲ってきました。

私は、寝室へ行って寝ている息子に謝りました。

「本当にごめんね……お父さんが間違っていた」

「本当につらかったね……」

〝論文500本〟でわかった「二次障害を防ぐのは〝愛〟」

03

発達障害がとても繊細で難しいと感じるのは、**問題が障害自体だけではない**、というところです。

数々の困りごとや生きづらさ、親や家族、先生や友達といった周りにいる人から発達障害に由来する言動を叱られたり、からかわれたり、いじめられたりすることで、さらに傷つくのです。

「どうせ上手くできっこない……」

「僕はダメな人間なんだ……」

と**自己肯定感が下がり続けてしまう**こともとても深刻な問題です。成功体験に乏しく自己肯定感がずっと低いままの子どもは、それが原因となって、**不安障害やうつ病、摂食障害や睡眠障害、ひきこもり、あるいは反社会的行動などの素行障害……**といった**「二次障害」を発症するリスクが上がる**ことが報告されています。

息子の自己肯定感を下げることは、絶対に避けなければなりません。

「これから先、息子とその障害にどう向き合うのがベスト、ベターなのか？」

「どんなサポートが必要なんだろう？」

「どうしたら息子が学校で安心して過ごせるのか？」

「日常生活のストレスをなるべく少なくするには？」

息子が将来、自立して幸せに人生を送るために、今何をしなければいけないのか？

当時、私はＭＢＡ取得のために早稲田大学のビジネススクールに通っていました。その勉強の傍ら、大学の図書館に籠って発達障害に関して書かれた文献や論文を読み漁りました。これは、そのビジネススクールの恩師である入山章栄先生からのアドバイスに基づいています。

「何かを調べるなら、論文のような原典にあたったほうがいい」

大学院を卒業してからも発達障害の論文を読み続け、現在までに目にした論文は、恐らく５００本を超えていると思います。

息子の発達障害支援の勉強を始める時、**「失敗だけはしない方法」をとる**ことにしました。一個人の感想や成功事例では、当てはまる人もいるかもしれませんが、その逆もありリスクが高い。一方で、論文が書かれている**研究が進んだ方法や内容であれば、そのたくさんの先行研究を土台にできる――すなわち〝巨人の肩に乗る〟ことができます**。このほうが失敗リスクが少なく、得策です。

論文からの知識に、発達障害動画メディア『インクルボックス』の活動を通じて触れた新しい知識や最新の理論を重ねていくことで、私は情報の多様性やアップデートを意識的に行ってきました。

さらに、発達障害の専門家である臨床心理士の村中直人先生に〝弟子入り〟し、発達障害を深く学び始めました。

学術論文や村中先生から得た知識や学びから、少しでも「息子のためになりそう」「効果がありそう」と思ったものは、自宅に持ち帰ってすぐに実践してみました。

まずはやってみる。生かしてみる。トライ&エラーの毎日です。

すると当然、息子と過ごす時間がどんどん増えていきます。発達障害に苦しむ息子を救いたいと悩む一方で、同時に息子と過ごせる幸せな時間でもありました。**大変さ**

の中で、成長や私の想像を超えた息子の発想を目の当たりにできる、やはり私にとっては「ワクワク」する時間です。私が自己紹介を書くとしたら、〝趣味・特技〟の欄は間違いなく「息子」になるはずです。

その中で、**私が一番心を砕いてきたのは「二次障害を引き起こさない」**ということ。私は、とにかく**ことあるごとに、息子が自己肯定感を上げられるような言葉をかけ**、意識的に行動するようになりました。私は息子に毎朝毎晩、こう伝えるようになりました。

「今日も大好きだよ」

「お父さんのところに生まれてきてくれ

てありがとう」

　彼がベッドに入る時には、

「今日もお父さんを幸せにしてくれてありがとう」

「君のおかげで、お父さんは今日も幸せでした」

　多くの論文に「子どもは親の愛情を拠り所にし、安全基地と感じることで自尊心の向上やチャレンジ精神が養われる」とあるからです。何度も何度も〝言葉にして〟伝え続けることで、ほんのわずかずつでも息子の自己肯定感を引き上げてくれるんじゃないか。

「きみの生きている意義は、ここにあるんだよ」

　思うことと、声に出して何度も伝えることは大きく違います。障害に苦しむ子どもに、愛情を24時間365日、明確に示し続けることができるのは親しかいません。それを果たすことは、一番大事な親の務め――私の務めだと思うのです。

04 子どもへの告知は「早めに丁寧に」

生活のストレスを減らすためには、その準備として、子ども本人に「きみにはこういう障害があるんだよ」ということを伝える、本人に自覚してもらう必要があります。この**「障害告知」**は、親にとっても子どもにとってもセンシティブで難しい1つの関門です。私もかなり悩みました。できるだけ正しい情報を、できるだけ理解しやすく、そしてむやみに傷つけないように伝えなければなりません。

発達障害動画メディア『インクルボックス』で取材した専門家の多くは、「早めの障害告知」を勧めています。そこで、**発達障害との診断を受けた頃から、息子と話し合いながら情報共有**をし続けてきました。

「きみは〝発達障害〟という、ほかの人と少し違う特徴を持っているんだよ」

どんな特徴なのかは発達検査で具体的に知ることができます。世界中で用いられている〝WISC（ウィスク）〟ウィクスラー式知能検査は、現在、5つの指標で構成されていますが、息子が受けた時は4指標でした。そこから全体の知能水準が算出されるという検査です。

- **言語理解（VCI）**……言葉による理解力、推理力、思考力。
- **知覚推理（PRI）**……視覚情報を把握し推理する力。視覚情報に合わせて体を動かす能力や対応力、解決力にも影響。
- **ワーキングメモリ（WMI）**……一時的に情報を記憶しながら処理する能力。学習能力や集中力に関わる。
- **処理速度（PSI）**……視覚情報を処理するスピード。切り替えに関係。
- **全検査IQ（FSIQ）**……総合的な知能水準。

この検査で見ているのは点数の高低というよりも「バラつき」です。4指標は、誰しも得手不得手がありますから、個人個人バラつきがあります。それ自体は問題ではありません。

発達障害の可能性があると判定されるのは、この4指標の点数の「高低の差が著しく大きい」場合です。その凸凹が大きければ大きいほど、生きづらさは大きくなると言われています。

息子は言語理解とワーキングメモリでとても高い数値が出ていました。言語理解の数値が高いということは、言葉の理解力や思考力が高いということ。ワーキングメモリは脳の中にある〝黒板〟のようなもので、一時的に情報を書き留めていく力です。この数値が高いということは、一度に多くの情報を一時的に記憶することができる、ということを表しています。

一方で、処理速度の指標は相対的に低いという結果が出ていました。つまり、息子は大量の情報を脳内に一時的に入れることはできるのですが、それを出し入れしたり、取り出しやすいように整理整頓したり、いらない情報を処分することが苦手、ということです。

「キミには、できないこととか苦手なことがあって、頑張ってもなかなか上手くいかないかもしれない」

「でもそれはキミが悪いんじゃないんだ。発達障害という頭や神経の障害を持っているからなんだよ。これは病気じゃなくて個性だよ」

「できないこともあるけど、ほかの人よりもずっと、できることもあるよ」

私も言葉を商売道具にしている身です。わかりやすく噛み砕きながら、**「ここまでは理解できているな」「ここはちゃんと理解できてないな」**と探りながら、**繰り返し何度も話して聞かせる**ようにしてきました。

話して聞かせる際に、私が心がけていたポイントは3つ。

1つはその**タイミング**です。日常生活や学校生活、あるいは勉強だったり遊びだったりの中で何か上手くできなかったり、良くない行動があった時に、その場ですぐに話して聞かせるようにします。ADHDの特性として注意欠陥があるので、言われたことを覚えていられないです。どんなに怒られても、翌日には叱られたことも何で怒られたのかもすっぽり抜けてしまうことも多くあります。だから、その場ですぐに伝えます。

2つ目のポイントは、**手数をできるだけ多くする**、ということです。とにかく根気強く何度も伝え続けます。

以前話したことなのに忘れてしまって同じミスをする。そんな時も、「前に言われたでしょ！」と叱らないように心掛けました。

「忘れるのが普通」

「覚えていたら褒める」

同じことを1万回伝えて息子の中に〝1〟残ればOK、くらいのイメージで向き合ってきました。

でもこうして何度も語りかけることで、少しずつ……本当にわずかずつですが成長していきます。1つ例を挙げると、息子は幼い頃、自分の考えを相手に上手く伝えられないことで、癇癪を起すことがありました。しかし最近は、相手に伝えるのが苦手というのが自分の特性であると理解したのか、癇癪を起こすようなこともなくなりました。

そして3つ目のポイント。これが何よりも大切なのですが、**「キミには人よりもできること、得意なことがある」と伝える**ことです。

「あれは苦手かもしれないけれど、その代わりに、こんなすごいことができる」

「だから、こっちの得意なところを頑張ってみよう」

できることとできないことを、きちんと分離して、子どもにも理解させます。

かつて日本の学校教育には、ともすると「やればできる」「できないのは怠けているから」というような考え方が色濃くありました。昨今、だいぶ薄くなったとはいえ、そうした風潮が完全になくなったわけではありません。その中で、〝できない自分〟を責めたりしないようにする必要があるからです。**100回改善点の指摘をしたら、200回は得意なことの指摘をする**ようにしました。

ただ実際には、私もそんなに上手く褒められていないと思います。あくまでも〝自分の気持ちの中では〟です。

息子への告知と同じように、**学校や担任の先生にも、息子の特性や状況について伝える**ようにしました。

ほぼ毎日発生した困り事は、忘れ物や提出物の出し忘れ、授業中イスに座っていられない、教室をふらっと抜け出してどこかへ行ってしまう。上履きを履くことを嫌がりいつも裸足でウロウロするため怪我の心配もありました。

それに対応する手段の1つとして、小学1年生の時は、担任の先生と毎日のように電話をしていました。

「赤平さん、明日はこの授業とこの授業があるので、コレを忘れないようにお願いします！」

「わかりました。ところで、今日は学校に何か忘れ物していませんか？」

「このプリントはおうちに持ち帰っていますか？」

「ないですね……。今から取りに行きます！」

学校の先生はとんでもなく多忙なのに、息子への対応も優しく、私への対処も細やかで、小学校6年間でお世話になった先生方には感謝しかありません。

こんなことが毎日のように繰り返されて、最終的には私が息子を学校まで送り迎えすることが日課になりました。結局忘れ物を取りに行くことになるのですから、迎えに行くのと変わらない……と気づいたのです。

ただ今振り返れば、毎日の息子との登下校は楽しく会話をしたりできる貴重な思い出の時間となりました。

05 学校では「勉強しなくていい」けれど「指定席は一番前に」

さて、発達障害の影響から低学年の頃は勉強に集中するのが難しいようでした。私は割り切って考えて、息子にこう伝えました。

「学校では一切、勉強しなくていい。その代わりに友達や先生と交わることを頑張ろう」

「勉強は自宅学習で頑張ろう」

同時に、授業中の立ち歩きの対策を考え試したのが、発達障害支援ではよく知られている〝指定席〟——**「いつも同じ席にしてもらう」**ことです。

担任の先生にお願いして、まず息子の席を**教室の「一番前」**にしてもらいました。

後ろの席に座ってしまうと、息子の視点からは教室全部が見渡せてしまいます。教室内にあるいくつもの掲示物やクラスメイトの動き、前のイスにかけられたカバン、机の横で揺れるお道具箱……等々、目に入るものが増えてしまいます。すると、そちらに息子の意識が行ってしまうんです。これはＡＤＨＤの特徴です。ただでさえもたない集中力が、さらに散漫になってしまいます。

一方、最前列ならとりあえず目の前にあるのは自然と、「黒板と先生だけ」となります。これなら気が散ることを最小限にとどめておくことができます。

最前列の中でも色々と試してもらった結果、黒板に向かって教室の一番左端で**教卓の真向かいにあたる「窓側」**の席に落ち着きました。廊下側だと、教室の外を人が歩いたり走ったりするたびに意識

がそちらに向いてしまって、それで立ち歩きのスイッチが入ってしまう可能性があります。

目から入ってくる情報をできる限り減らす――これは子どもが勉強に向かいやすい環境づくり＝環境調整（アセスメント）の一環で、特別支援などでも行われている取り組みです。特別支援のクラスでは教室の壁が真っ白で、備品や貼られている掲示物はほとんどない場合が多いのです。たとえば、教室の壁にカレンダーが貼ってあったとします。一度、カレンダーの写真が気になってしまうと、机の上のやるべきことに気持ちが向かなくなって、しまいには席を立ってその写真を眺めに行ってしまったり……ということが発達障害では起こりがちです。そうならないように、**最初から子どもの注意を引きそうなものはすべて取り除いておく**のです。

この〝指定席〟のおかげか、息子は少しずつ立ち歩く頻度が減っていきました。小学校中学年になる頃には、授業中に立ち歩いて教室を出て行ってしまうようなことはなくなりました。中学生になった今も、学校の配慮で指定席は継続しています。

06 〝空気が読めない〟のも実は「頭の中では繋がっている」

小学校で息子に学んで欲しいことは、人と交わること、コミュニケーションの仕方です。

私にとって子育てのゴールは、私がいなくなっても息子が安心、安全に自立して生きていけるようになること。そのためには、社会の中で他人と交われるだけのコミュニケーション能力が必須です。流暢じゃなくていい。生きていける程度の社会性を身につけさせたいと思っていました。

ところが発達障害があると、他人とほどよい距離感をとったり、コミュニケーションをとることに苦労しがちです。息子もその傾向が強くあります。クラスメイトが会話している最中、まったく関係ない話を始めてしまったりすると、

「赤平君は空気が読めない」

「友達の気持ちがわからない」

ということになるのも仕方ありません。

「空気が読めない」「コミュニケーションが困難」は発達障害の中でもＡＳＤによく見られる特徴です。さまざまな理由が考えられるのですが、その中の１つに「自分と他人との境界線が曖昧」であることが影響していると言われています。自分と他人を区別＝分離して考えたり、行動したりすることが難しいのです。ですから、息子からしたら、こんな感覚なのかもしれません。

「僕が考えていることとやわかっていることは、みんなもわかっている」

まるで大きな〝クラウド〟でみんな繋がっているようなイメージかもしれません。

〝それまでの会話〟と関係ない話を始めるのはどうしてなのか、とても不思議だったので、これまでも息子に何度か、「なんで今、関係ない話を始めたの？」と確認したことがあります。

彼の話を詳しく聞いてみると、**非常に深くて独自の解釈と経路をたどってはいるものの、息子の中では確かに「それまでの会話」と繋がっている**のです。つまり「関係ある会話」になっているわけです。

私が驚きながら理解を示すと、息子は嬉しそうに話を続けます。私も息子の脳内経路が見えるようになってくると、会話が続けられるようになります。それを長年繰り返していくと、息子はどんどんユニークな発想や表現ができるようになっていきました。それがまた私の「ワクワク」ポイントになっていきます。

「空気が読めない」と切り捨てず、発達障害当事者を矯正しようとせずに、周囲の人が少しでいいので発達障害を知ること。その知識を広げていくことが、発達障害動画メディア『インクルボックス』が掲げるミッションでもあります。

「人はそれぞれ考え方が違う、極端に違う人もいる」

多様性へのそうした理解が頭の片隅にあるだけで、〝やさしい社会〟〝やわらかい世界〟ができると思っています。

07 目指すのは「ベストではなくベター」

そう理想は掲げていますが、現実はなかなか上手くはいきません。コミュニケーションが苦手な息子が、人と交わり関わり合っていこうとすると、どうしても摩擦は起きてしまいます。時には本人に悪気はなくても、相手をがっかりさせたり怒らせたりすることを言ったりやったりしてしまうこともあります。発達障害のことを理解している私でも稀にイライラしてしまうこともあるのですから、知らない人なら尚更です。

そのため小学校でも、心無い悪口を言われることもあったり、時にはイジメに繋がってしまった、ということもありました。社会に出ても同様の状況だと、「息子が安心、安全に自立して生活を送れるように」という私の人生のミッションは叶いません。

一方で、息子の言動は「言い訳」や「屁理屈」に聞こえてしまうこともあり、いっそう相手の怒りに油を注ぐことになることもあります。

「人との関係で摩擦が起こった時、それ以上悪化させないために優先すべきことはなんだろう？」

私は、息子にとてもシンプルな対処法を教えることにしました。それは**「先に謝ってしまう」**ということ。

「〝何かマズいことをしてしまったな〟〝相手が怒ってるな〟と思ったら、とにかくきみが〝ごめんなさい〟といったん謝ろう」

相手をイライラさせてしまう言動をしたのには、必ず息子なりの正当な理由がありますし、悪気もありません。でも、それは親の私ですら屁理屈や言い訳に聞こえてしまうこともあり、他の人からす

るとなかなか理解しづらいのです。そうなると、息子が説明しようとすればするほど、事態が鎮まるどころか逆に悪化させてしまいかねません。

こう書くと、こんな意見を言われることもあります。

「何が悪かったかわかっていない、反省もできていない前に、形だけとりあえず謝るのはどうなのか？」

私も、なんでもかんでも謝るというのは本当に正しい方法とは思っていません。ただ現実問題として、とにかくまず「ごめんなさい」としっかり伝えることで、最低限、それ以上の傷口が広がることだけは防げるんじゃないかな、と**少し痛みを伴う〝一時避難〟**として考えることにしています。

発達障害の人は相手をイライラさせたいわけではなく、屁理屈を言っているわけでもありません。考え方の多様性からくる独特な感性や表現であるケースが多くあります。たくさんの人が発達障害の知識を少しでも持てば、私の望むダイバーシティ社会になると信じていますが、現時点では理想論。現実社会はそう甘くありません。

この方法は「ありがとう」と感謝を伝える際にも使っています。

発達障害の子どもの多くは、〝サポートをされる〟ことに慣れてしまいがちです。たとえば「使ったものを片付ける」のような日常生活で苦手なこと、忘れがちなことを親がサッとやってしまいます。それが習慣化されてしまうと、サポートされることが当たり前になってしまいます。

発達障害に限りませんが、習慣になれば、どうしても〝感謝〟の感覚が鈍ってしまうことになります。するとサポートする側とされる側でギャップが生まれて、そこからトラブルが生まれるかもしれません。親子間ならまだしも、大人になった時に、「感謝できない人」と周囲に思われてしまうような人間になって欲しくありません。

「きみは周りの人に助けられることが多いでしょう？　その分、人一倍感謝を気にしなきゃいけないよ」

「手伝ってもらったり助けてもらったら、必ずすぐに〝ありがとう〟と言おう！」

息子はいつも頑張って「ごめんなさい」「ありがとう」を言うようにしています。

この2つができれば息子の生きづらさが少しは減るはず……いや、減って欲しい。**社会の中で、生活の中で、折り合いをつけていくために、ベストではなくベターな方法を探し続ける**しかありません。

08 忘れ物対策は「クリアファイル」「サイドバッグ」

小学校時代の息子がとても幸運だったのは、校長、担任や支援の先生方が発達障害に理解を示し、たくさんご配慮くださったこと、そして息子が学校を大好きだったことです。

イジメられることもありましたし、仲のいい友達がいたのかは私にはわかりませんでしたが、息子が学校に行きたがらないことは一度もなく、いつも「学校は楽しい」と言っていました。

ただ、もちろん発達障害に由来する困ったことは毎日のようにあり、その代表が「忘れ物」です。

ＡＤＨＤで「整理整頓や片付けが極端に苦手」という人が多くいます。これは、こだわりが強くてモノが捨てられない、情報の処理が追いつかない、忘れっぽい……といった特性が原因です。テレビ番組などでも取り上げられる〝ゴミ屋敷〟は、その人が怠け者だとか面倒くさがりだから、ということもあるかもしれませんが、多くはＡＤＨＤの特性によるものだという研究結果も出ています。

ＡＤＨＤの診断を受けている息子も整理整頓がとても苦手です。そこで学校生活の忘れ物対策として、ランドセルの使い方を工夫することにしました。

まずは「サイドバッグ」。

ランドセルの左右に装着するタイプの小さなバッグです。ほとんどの小学生は上履きや体操服などを手提げバッグに入れて持ち運んでいますが、息子の場合は、手に持った荷物をどこかに置き忘れてしまうことが多のです。また転んだりすることを考えると、両手が空いていたほうが安全です。サイドバッグにすれば置き忘れることはありませんし、両手も自由です。

次は**「ファイル」**。

学校から持ち帰るプリントや、自宅から持って行く提出物などの紙類もどこへ行ったかわからなくなりがち。これも忘れ物に繋がります。こうした**紙類を〝とりあえず入れておく場所〟**がファイルです。仕分けは帰宅後に私がやれば良いと割り切りました。

何種類か使い勝手を試してみて、開くと左右に紙を差し込めるポケットがある二つ折りタイプのファイルに落ち着きました。**右ポケットには提出しなければならない宿題プリントを、左ポケットには先生からの配布物を入れる**ように、息子と約束をしました。プリントや宿題をとりあえず入れておく場所をあらかじめ決めておくことで、何も考えずに自動的にそこに行くようにしたのです。忘れ物をしないための習慣化、仕組み化です。

ランドセルの中身やファイルは毎朝、登校前に私がチェックします。下校時も迎えに行った時に校門で「じゃあランド

セルを開けてみよう！」と息子と一緒に1つずつ確認します。
「……あれ？　国語の教科書は？　それから、このプリントは今日提出じゃなかったの？」

そう指摘すると、息子は教室に慌てて戻って忘れ物の回収と宿題の提出をします。

このファイル作戦は、一定以上の効果がありました。**私にとってもチェックがしやすいのでお互いストレスが減ります**。中学に進んだ今では、各教科ごとにファイル作戦を使っています。宿題や課題を同じように左右に分けて入れるようにして、課題プリントや小テストが行方不明になったり、提出できない、なんてことをできる限り防いでいます。さらにもうひと工夫。国語は赤、算数は青、社会は緑、理科は黄色……というようにファイルを教科ごとに色分けするようにしました。これなら息子もパッとひと目でわかって迷わず取り出せます。

心がけたのは**「ものを減らすこと」「作業をシンプルにすること」「無意識でもできるくらい仕組み化すること」**でした。ただ、仕組み化しても忘れ物はやはりあります。大切なのは、ここでも〝ベストではなくベター〟を目指すこと。100％の成功は求めず50％の成功で褒めることです。できた部分を評価することは、とても大切です。

09 〝鉛筆〟〝消しゴム〟は「6年間、ずっと一択」

発達障害支援の論文などで一番初めに重要と指摘されるのが環境調整＝アセスメントです。**少しでも授業や勉強にフォーカスしやすい環境を作るためには、注意力や集中力を奪ってしまう可能性をなるべく少なくする**ことが大切です。

発達障害があると、新しいものや慣れていないもの——つまり変化に対して、過剰に反応してしまいがちです。授業中に〝新しいもの〟が気になってしまうと、授業への集中が困難になります。これは脳の機能の中の〝注意〟が影響するもので、「注意の持続」「注意の選択」「注意の配分」「注意の転換」があり、発達障害の中でもADHDは注意の困難さがあります。

そこで息子は**小学校での6年間、筆箱、鉛筆、消しゴムなどはずっと同じメーカーの同じ形のものを使い続けました。**これにより**変化を少なくして注意力を授業以外に**

行くリスクを減らそうと思いました。

鉛筆は様々なメーカーのものを試して、息子が一番使いやすいと言っていた「低学年が使用する太めの鉛筆」をいつも使うようにして、1本1本に大きく「赤平」と記名しました。

消しゴムは、商品名の書かれている紙ケースをあらかじめ取ってしまって〝裸〟の状態にし、ハサミで半分にカット。そしてこちらにも大きく「赤平」と記名しました。

これは、ものを無くすことを前提にした仕組みです。

「無くすな」「無くしたら探しなさい」と言うのは、ADHDにとって想像以上にストレスです。そこで私は、**鉛筆や消しゴムのようなすぐに補填が可能なものは、「無くしても探さなくて良いよ」と息子に言っています。頑張ってもできないことを理解して、先回りして対応を変えれば、本人のストレスが減り二次障害を予防**できます。

発達障害は当事者を変えるのではなく、環境（周囲の人）が変わることが最も重要と多くの論文で指摘しています。

筆箱が壊れてしまって買い替える時も、まったく同じものを選びます。「空間把握がしにくい」というADHD特性やDCD（＝発達性協調運動障害）の影響から、息子は手先が器用ではありません。新しいフタの開閉に手間取って、筆箱の中身を床に落としてしまう可能性や、そのストレスを避ける狙いがありました。

できる限り変えない、というのはほかの身の回りの日用品なども同じです。

たとえば服――下着や靴下、Tシャツ、トレーナーやセーター、ズボンなど普段着ているものもずっと同じブランドです。同じブランドだと、比較的形状や素材が似ていることが多いのです。息子自身も着慣れたものを好みます。発達障害の子どもは「感覚過敏」であることが少なくありません。嗅覚、聴覚、視覚、触覚、味覚……といった外部からの刺激に対して敏感です。新しい服やいつものと違う素材の服だと、着心地や手足を動かした時の〝違和感〟が「気になる」そうです。

文房具も服も「いつもと同じ」を徹底するのは、息子の関心の優先順位が変わらないようにするためです。授業中、ズボンの肌触りが気になってしまうと、息子の中で勉強よりもズボンのほうが優先順位が上になってしまいます。

私は、息子の意識を**〝川を流れる水〟**のようにイメージしています。**なるべく1本で淀みなく水が流れる状態にしたい。そのためには川が枝分かれしないように、途中**

にある大小の岩や石を取り除かないといけません。

こうしたできる限り集中しやすい環境作りは、「発達障害支援の基本中の基本」と多くの有識者や論文が説明していますが、私の発達障害支援は徹底的に「有識者や論文の研究」を信じて行っています。先行研究を参考にして成功するかどうかは個人差もあるので一概には言えませんが、少なくとも失敗するリスクを下げることができます。

2章

凸凹息子の日常生活支援でやった18のこと

失敗した「物干し竿で姿勢キープ」作戦

10

息子に限らず、発達障害の子どもにとって背筋をピンと伸ばして立つ、キチンと座る――いわゆる「正しい姿勢」を保つのはとても難しいことです。どうしても〝グラグラ〟〝グニャッ〟〝ダラッ〟としがち。

これも原因は複合的ですが、理由の1つに生まれつき〝体幹〟が弱いことが挙げられています。体幹は、筋肉はもちろん骨格や内臓も含めた体の軸となる部分です。**発達障害があると、その軸を感じ取ることが難しいケースがあり、その結果〝グラグラ〟して、自分自身の身体を支えられずに姿勢が悪くなってしまう**のです。

体幹が弱いので、イスに座った時はどうもしっくりきません。誰でもそうだと思いますが、しっくりこないと落ち着かなくなります。そこで〝しっくりポイント〟を探るためにイスに座りながらモゾモゾしたりする。さらに、しっくりポイントが見つかったはいいけれど、その姿勢が一般的には〝悪い姿勢〞だったりする——こうなると、親や学校の先生に叱られてしまうわけです。

しかも、こうした〝グラグラ〞は成長と共に悪化するケースもあります。これは頭蓋骨が重く、大きくなっていくからです。人間の頭の重さは体重の10％程度もありますが、その重い頭をしっかり支えてくれているのが、体幹とその周りにある筋肉です。元々体幹が弱いところへ、成長と共に頭が重くなっていくと余計に身体がブレやすくなるというわけです。息子も、小さい頃から姿勢は良くありませんでしたが、小学校～中学校と進むにつれて少しずつ悪くなっていきました。

「ちゃんと座りなさい！」

「姿勢！」

私は姿勢に関して口うるさいタイプだと思いますが、何度口頭で指摘しても息子の姿勢は改善されませんでした。息子本人の力ではどうにもならないとわかっていても、口うるさく指摘してしまう〝ダメ親〞な私自身にも嫌気がさしました。肘をついて寝そべっていたって勉強できれば問題ない、と切り替えて思うようにしたいのですが……。注意され続けると、息子の二次障害のリスクも高まってしまいます。

どうすればいいのか？

私は姿勢を〝外側から〟良くしてみようと考えました。道具を使うことで補正、矯正してくれる方法がないか、と。

「何か、使えそうなものは……」

ふと目についたのが物干し竿です。

机に向かう息子を挟んで左右両サイドに台を置いて、そこに物干し竿を乗せます。息子の両わきの下にちょうど物干し竿がくるくらいの高さに調整すれば、息子がもたれかかっても物干し竿が身体をちょうど良い位置にキープし、机に倒れ込むことを防げます。簡単に言えば〝つっかえ棒〟です。これを使えば息子の姿勢も良くなり、「ちゃんと座りなさい！」

と私が注意する回数も減って二次障害リスクも減る、はずです。

この作戦内容を息子に説明して、やってみることにしました。ところが導入当初こそ上手くいくかに思えたものの、すぐに息子は嫌がるようになりました。そして、どんどん息子の抵抗が強くなり、時には癇癪を起こすことも……。

これは、発達障害支援で非常に効果があるとされる「応用行動分析学（ＡＢＡ）」において、「望ましくない行動が強化」されてしまった状況になります。

本来は「望ましい行動（＝姿勢が良くなる）」ことの「発生頻度が高まる（＝強化）」を狙って〝物干し竿〟を使ったわけですが、実際にはこれまでとは別の「望ましくない行動（＝癇癪）」が発生し強化されてしまいました。

こうなると作戦は撤退です。私の作戦により、姿勢を良くする以外の弊害が発生している状況は決して良い状況ではありません。このように**勇気ある撤退は日常茶飯事**です。

中学生になった今も、息子の座る姿勢は悪いままです。姿勢が悪いことで、食事をこぼしやすかったり、字が汚くなってしまうことにも繋がっています。

また新しい作戦を息子と考えて実践しようと、日々話し合っています。

11 声かけよりも「ホワイトボードで〝見える化〟」

《朝、新聞を取りに行く》
《17時に病院に行く》
《国語の宿題を提出する》

このようにわが家では、息子への**指示を家の中に設置しているホワイトボードに書いて、できるだけ「可視化＝見える化」**しています。

息子は「言われたことを覚えていられない」「聞いたことをすぐ忘れてしまう」傾向があります。これは発達障害の影響で、耳から入る情報のインプットが苦手なためです。

人間は大きく分けて、目で「見る」ことで情報をインプットすることが得意なタイプ（＝視覚優位）と、耳で「聞く」ほうが得意なタイプ（＝聴覚優位）がいます。こうした優位性は、発達障害の有無に関わらず、すべての人間が持つ特徴ですが、発達障害の場合は得意不得意の振れ幅が大きいと言われています。

息子は視覚優位です。目から入る情報のほうが、すべきことや大事なことが明確に伝わりやすくなります。

さらに息子は、周囲の音が大きく聞えてしまう「聴覚過敏」の傾向も持っています。私達は、パーティ会場や賑やかな街中のような雑音が多い中にいても、隣にいる人の声、興味や関心のある話題、聞きたい音だけを選択して聞き取ることができます。無意識のうちにいらない音（情報）を排除して必要な音だけを再構築できる一種の情報処理能力が備わっています。これを「カクテルパーティ効果」と言います。

ところが聴覚過敏である息子の場合、雑音も同じレベルで一緒に耳から頭に入ってしまって必要な情報が入りにくい、ということもよく起こります。こうなると、いくら私がどれだけ大声で「片付けなさい！」と言っても聞き取りにくい。

そこで、ホワイトボードを活用し視覚優位を生かして、耳ではなく目――可視化して、こちらが言いたいことや大切なことを認識しやすくすることを考えました。**情報の〝見える化〟**です。

これには、もう1つ大切なポイントがあります。

息子には、視覚優位とは別にADHD由来の「忘れっぽい」という特性があります。目からせよ耳からにせよ、入ってきた情報が脳に記憶されにくいのです。

息子はWISCの診断でワーキングメモリの数値がとても高かった一方で、処理能力の数値が相対的に低く、入ってきた情報を処理する力が追い付いていません。

「大きなワーキングメモリの中に、次から次へと情報が入ってきて、必要なものがどこに行ってしまったのかわからなくなっているんじゃないかな……？」

そう考えるといろいろ辻褄《つじつま》が合う気がします。**ホワイトボードで大切なことやすべきことを〝見える化〟しておくことで、たくさんの情報が整理整頓される**のではないか？　**必要なものだけを多少なりとも取り出しやすくなる**のでは？　と思っています。

こうしたホワイトボードの使用は、特別支援学校や通級指導教室など、全国の学校でも必ずと言っていいほど行われている支援方法です。こうした日本の発達障害支援は、世界的にも高く評価され、専門家からは「才能児教育」としても活用されています。かかる費用もホワイトボードと専用のペンとクリーナー代だけなので、非常におすすめの家庭内支援方法です。

12

リビング三原則は「置かない」「貼らない」「真っ白」

わが家のリビングには、ホワイトボード以外の掲示物はありません。

一般の家庭でよく見かけるような**壁に写真や絵、カレンダー、冷蔵庫のドアにメモなどを貼ったりしない**ようにしています。そもそも、**リビングにはモノ自体を極力置かない**ようにしています。

理由は2つあります。1つは発達障害支援の基本である**環境調整を自宅でもやっている**ということです。

食事や勉強といった〝今やるべきこと〟に、できるだけ集中できるように、最初から息子の注意を引きそうなものはすべて取り除いています。そのため、リビングには本当に必要最低限のモノしかありません。

さらに家電やソファーといった家具も、色や柄のあるデザインのものは、ほとんどありません。白で統一して、色や柄が刺激として入る可能性を抑えています。これも特別支援学級や通級指導教室の方法を真似たものです。

また、モノを減らすということには、もう1つ**「日常生活のしやすさを確保する」**という意味合いもあります。

ADHDは片付けや整理整頓が苦手です。なぜ苦手なのか？　多くの論文や専門家の分析、そして息子をずっと見ていて「あ、こういうことなんだ！」と気づいたことがあります。それは、このようなイメージです。

①「Aを片付けよう」とする。
②ところが、その手前には積み上がったBがある。
③Aを片付けるためには「まずBを片付ける」必要がある。
④「とりあえずBを一時的に移動」させてCに置いておこうとする。
⑤ところがCにはDがあって、Bを置くには「先にDを移動」しなければいけない。
⑥「じゃあDはどこに移動させよう」と考えているうちに、当初の目的であった
⑦「Aを片付ける」がどこかに行ってしまう。

こんな玉突き事故のような状態が連鎖してしまうと、家の中の整理整頓はできません。本人もなんとかしたいのに「どこから手を付ければ良いのかわからない」となります。ここにASDの固執する特徴が加わると「いっそ捨てよう」という決断もできません。これが発達障害と〝ゴミ屋敷〟の関係だと言われています。

そんな**わが家で、私が実行している整理整頓は「一時的な物置用の箱を用意する」**です。

息子にモノを捨てるべきかどうかを考えさせると、深く考え込んで最終的に苦しい表情で、「わからない……」と涙声で言うということが、しばしば起こります。

発達障害の場合、冗談や仮定の話が理解しにくいことから、些細なことも真面目に深刻に考えることがあります。モノを捨てる、ということも大事《おおごと》なのです。

そこで、一時的に置いておける箱を用意して、とりあえず保管します。時間が経ってその箱が一杯になったら、改めて捨てるべきモノを一緒に考えるようにします。時間が経過しているので息子の中でも熱量が下がっているモノもあり、捨てる決断がしやすかったりします。

そのほか、これは整理整頓への小さな努力ですが、**「まず、私が捨てる」「私の私物は限界ギリギリまで減らす」ということを心がけて実践**しています。家全体のモノの総量をトータルで減らそう、という考えからです。

自宅にある私物と呼べるモノは最低限の服にバッグ、スマホ、パソコン、唯一の息抜きであるランニングのためのセット一式。サラリーマンではないので仕事道具も全て自宅にありますが、デスク1個分に収めています。本当にそれだけです。お酒も飲みませんしタバコも吸いません、ギャンブルもゲームも読書もしない。

「趣味は息子、特技も息子」ですから、これだけあれば充分なのです。

13 文房具もコップも「テープでバミる」

発達障害、特にＡＤＨＤにとって本当に難しいアクションが、「使ったモノを戻す」です。

たとえば、学校から帰宅して自分の部屋にランドセルを置き、水筒を置き、上着を脱いで床に置いたら、リビングに戻っておやつを取り出してテーブルで食べ、読みかけの本を読みに自分の部屋へ戻り、トイレに行こうと本を自室の机に置いて、戻ってリビングのテーブルでゲームを始めたところで「水筒はキッチンにおいてね」と私が言うと、水筒をどこに置いたかわからず面倒くさくなって生返事。さらに「そろそろ宿題やろうか」と言われて気乗りしないままリビングテーブルにプリントと筆記具を出すと、テーブルには先客の〝食べかけのおやつ〟と〝やりっぱなしのゲーム機〟があり、その隙間で宿題のプリントを広げる。狭いスペースなので、気づかないうちに消しゴムが床に落下していて必要な時に見つからず、バタバタしているうちに集中が途切れてしまう……こんなことが頻繁にあるのです。

その都度、私が「片づけて勉強しなさい」と指摘すると、余計に息子はイライラして勉強どころではなくなります。

どの家庭でもあることだと思いますが、発達障害の中でもADHDの多動性・衝動性が強いと、家中のあちこちで〝やりっぱなし〟〝置きっ放し〟が物凄く増加します。「思いついたり気づいたら、やらないと気が済まない」のがADHDの特徴だからです。そこに着手したことを忘れてしまう注意欠如も加わります。

この時、「いつも出しっぱなしじゃないか！」「何度言えばわかるんだ！」「努力が足りない！」と頭ごなしに叱ることは絶対にダメ。これは足が不自由な人に「立って走れ！」「頑張ればできる！」と言うようなものだと私は思っています。息子自身も「なんとかしたいけど、できない」と苦しんでいる部分です。

そこで私は、ここでも仕組み化を試しました。

「使ったものを〝定位置〟に戻すだけで、だいぶ身の回りは片付くはず」

「定位置をどうやって認識させたらいいのか……」

考えた末に、**モノ一つ一つにわかりやすく「置き場所」を作る**ことにしました。**勉強机の上、作業の邪魔にならず、うっかり落ちない位置に四角くビニールテープを貼ります**。テレビ番組の収録で出演者の立ち位置を床にテープで貼っておくことを〝バミリ〟〝バミる〟と言いますが、その〝バミリ〟です。

「鉛筆や消しゴムを使ったら、ここに置こう」

「1回1回戻しておけば、次に使いたい時にすぐ見つかって使えるでしょ？」

洗面所に置いてある歯ブラシやコップの場所なども、テープでバミってあります。**テープではっきりと置き場所を決めてあげて、そこに戻す習慣さえ作ってしまえれ**

ば、多少は勉強や作業にも集中しやすくなるはずです。

中学に入ってからはスマホやタブレット、メガネなど毎日使うものが増えたので、バミリから、小ぶりな「デスク周り収納グッズ」に切り替えて「置き場所」作戦をアレンジして継続しています。

これだけで整理整頓が完璧になるわけではありません。それでも「使い終わったモノは置き場所に戻す」という意識付けになれば、と思っています。

14 トレーの中なら「こぼしてOK」

息子は運動全般が苦手です。体幹や筋力が弱いという身体的な理由もありますが、それだけではありません。多くの運動が、発達障害にとって難しい要素が重なったものだからです。縄跳びを例にして説明します。

①縄を手で回して、目で縄と自分との距離を測る。
②足元に縄が到達する直前でタイミングよく飛ぶ。
③それを繰り返す。

目で「縄が来る」という情報をキャッチして、「縄と自分との空間がどれくらいあるか」「あとどれくらいで到達するか」を予測・判断し、それに連動させて身体を動かす――空間把握をしながら、スムーズに素早く身体を動かしていくわけです。発達障害の中でも「DCD＝発達性協調運動障害」があると、こうした体全体を連動させた運動がとても難しいのです。サッカーや野球などの球技となると顕著で、チームとしての協調性や集団行動も加わるので一層困難です。

「発達性協調運動障害」で困るのはスポーツや体育だけではない、ということです。手先や足先、指先を動かすなどの細かな動きも難しく、簡単に言うと〝極端に不器用〟なのです。

日常生活のちょっとした動作――たとえば定規を使って真っすぐ線を引くのも、「定規をしっかり押さえ」て「ここからそこまでの間」を「鉛筆をピッタリ定規に沿わせながら均一の力加減」が必要な協調運動ですから、息子にとっては難題になってしまいます。

中でも一番困るのが食事です。

箸で食べ物をつまむことは実は繊細な力加減を必要とする作業ですし、食器が動かないように押さえる力加減も難しく、ひっくり返したりすることも少なくありません。

また空間把握の苦手さから距離感が掴めないので、食事を口に運ぶのもひと苦労です。口に入れる前にポロポロと落ちやすくなります。さらに体幹が弱いので食事中、身体を支えていられず、自分のしっくりくる姿勢で食べようとすると結果的にイスの背もたれに寄りかかることになり、食べ物から口までの距離が離れてますますこぼれやすくなります。

息子に悪気はありませんし発達障害が原因とわかっているとはいえ、私もついつい注意してしまいます。

「なるべくこぼさないようにね」

「こぼれるよ!」

「テーブル汚してるよ。ほら! ちゃんと拭いて……!」

これでは、せっかくの美味しい食事も美味しくなくなります。息子も私も楽しいはずの食事の時間が苦痛になってしまいます。私は、どうしたら息子のためになるのか考え続けた結果、**「そもそもの視点を変えたらいい」**と気づきました。ベストではなくベターを、です。

「どうやって、こぼさずに食べるようにできるか?」ではなく、こぼすことを前提にして「何をしておけば、こぼしても大丈夫か?」という視点で考えてみました。

用意したのは大きめの**「トレー」**です。

「テーブルの上にこぼさないで」ではなくて、**「このトレーの中ならこぼしてもセーフだよ」と食卓のルールを変えました。**

「こぼさないで」だとお互いストレスになりますが、「(トレーの中なら)こぼしていい」ならメンタル的にだいぶ違います。こぼした時に拭く手間も省けますし、食べ終わった食器をシンクに下げるのも、汚れたトレーごといっぺんに行けます。

また**「箸を使う」ことも無理せず、代わりにスプーンやフォークを使う**ことにしました。家での食事は、箸を使う練習の時間でもあったのですが、それよりも**「息子と楽しく食事をする」「元気に食べる」ほうが大事**です。

「楽しいはずの食事で、息子の自己肯定感を下げるのは本末転倒だ」

その代わり、いつもその**トレーの中に箸、スプーン、フォークを並べて「どれを使って食べるか」は息子自身に選んでもらう**ようにしました。これは「自分で選んだ」という自己決定感を高めるためです。

発達障害の特性は「個性・性格・性質」です。練習を積み重ねたり、年齢が上がることで〝薄く〟なるものもありますが、完全に無くなるということはありません。大人になっても、どうしてもできないことはあります。それでも社会の中で生きていかなければなりません。だからこそ、息子の日々のストレスを減らしながら向き合い続けることが大切だと思っています。

15 キッチンタイマーで「自己肯定感を上げる」

発達障害の息子がなかなか慣れず苦労しているのが、**「時間の感覚」**です。

これは人それぞれですし、状況によって体感も変わると思うのですが、息子の場合どうやら発達障害が影響して時間感覚がわかりにくいようです。

私は毎日小学校への送り迎えをしていました。下校時は、「15時半に校門の前で待ち合わせ」のように息子と約束をしていました。

ところが、息子がこの待ち合わせの時間通りに来ることは難しく、成功確率は約50％。30分待っても来ない時は、教室まで迎えに行っていました（学校側には許可をもらっています）。

何をしていたのかと息子に尋ねると、だいたい「教室で遊んでいた」と返ってきます。

小学校も中学校も、「息子の勉強の場所ではなく、人と交わって社会性を高める場所」と割り切っています。ですから放課後に誰かと遊ぶことは本当に嬉しいことではあるのですが、時間を守れない頻度や程度が大きく悩ましいのです。

息子は小学生の時から中学生になった今でも「相手を待たせてしまって申し訳ない」という反省の気持ちと、「なんで自分は時間を守れないんだろう」という悔しさがありました。自分自身を責め過ぎると、これもまた二次障害のきっかけになるため、私は**「時間を守りなさい」と強く言わない**ようにしています。

息子の時間感覚の苦手さはADHDによく見られる「先行きの見通しが苦手」「衝動的な行動」と、ASDの「こだわり行動」で説明ができます。

「先行きの見通しが苦手」なため、たとえば10分の隙間時間ができたので時間内で何かの作業を始めたら、結果的に30分もかかってしまったりするのです。

「衝動的な行動」は、下校しようとしたらクラスメイトが黒板に絵を描いたりして遊んでいるのを見かけて、自分も混ざって30分が過ぎてしまったり。「こだわり行動」は、私から「忘れ物はしないようにね」と言われたことを思い出し、放課後に30分かけて忘れ物がないかを確認したり。

時間感覚の苦手さは、このように発達障害の特徴で説明できることが多いのです。

ただ、社会に出れば、周りの人は息子に合わせてはくれません。発達障害への理解がなかなか広まっていない今の社会の中で、このままでは「時間にルーズな人」「約束を守れない人」という目でも見られ信用されなくなります。

「社会が発達障害の知識を高めるには、私が『インクルボックス』の活動を頑張ろう」

「ただ、どうしたら息子に〝時間通りに進める〟ことを学ばせられるか……？」

考えに考えて、私は息子が小学生の時

から、**一つ一つの息子のアクションに〝制限時間〟を作る**ことにしました。

リビング、子ども部屋、洗面所、浴室といった場所に「キッチンタイマー（アラーム時計）」を置いています。このタイマーを使って「食事は20分」「歯磨きは4分」「ゲームは60分」「入浴は15分」のように、アクションに合わせて、必要に応じて毎回セットします。たとえば洗面所で歯を磨き始める時。息子自身が毎回タイマーをピッとスタート。4分後にアラームが鳴ったところで「歯磨き終了」です。

息子がタイマーを押し忘れることもありますが、その際は「アラーム音が聞こえない」ことで私が気づけるので、「タイマーはつけてる?」と促すこともできます。

当初は「時間に追われるようで、少しかわいそうかな」とも思っていたのですが、見ていると時間を区切られたほうが息子も〝終わらせられる〟ようで、自分自分で「できない自分を責める」二次障害リスクの低減にもなっていると思います。**タイマーを活用することで、次の予定にもスムーズに移れる、行動しやすくなる、「自分は時間を守れている」という自己肯定感の面でもプラス**です。

16 ゲームを終われないのは「親の伝える力」に問題あり

このタイマー作戦を始めてから、少し深い課題に気づきました。それは「当たり前」と思っていた**「時間の解釈」**です。

「ゲームはあと10分やったら終わりだよ」

どの家庭でもありそうな親の言葉です。ある日私は、そういっていつも通りアラームをセットしました。

でも実は、この〝10分やったら終わり〟という表現が大きな問題を生みました。

「……ゲーム、止めてるかな？」

アラームの鳴った10分後、息子の様子を見てみると、まだゲーム機をカチャカチャ触っています。

「10分で終わりという約束でしょ？　なんでまだゲームやっているんだ！」

ところが、息子は不満顔で反論してきます。

「なんで怒るの？　ちゃんと10分でゲーム終わったよ！」

この食い違いはなぜでしょうか？　私にとっての〝10分やったら終わり〟の認識は、

①ゲームをキリの良い所で終わりにしてセーブ。

②ソフトを閉じてゲーム機本体スイッチを切る。

ここまでで〝10分〟です。

ところが、息子の〝10分で終わり〟の認識は〝10分経ったら、もうそれ以上ゲームを先には進めない〟でした。つまり、

①10分ギリギリまではゲームをやる。

②アラームが鳴ったので、セーブ可能な状況までゲームを進める。

③セーブして、スイッチを切って片付け。

よって、これだと②の時点で10分を越えています。私と息子、双方ともに、

「ちゃんと言った」

「ちゃんとやった」

と思っていますから「なんで？」となってぶつかる。これはお互いにとってストレスです。このギャップをできる限り埋めておきたい。そのためには、〝10分で終わり〟が**「10分以内に、どういう状態になっている」のかを、具体的に共有する**必要があります。

このエピソードで重要なことは、**「ちゃんと言う」ではなく「ちゃんと伝える」**ことができたかどうか、ということ。

テレビ東京の新人アナウンサー研修の時、先輩アナウンサーから言われた「言うと、伝えるは違うんだよ」という指導を思い出し、キャリア20年を越えてもまだできていない自分を恥じました。

「10分でアラームが鳴ったらもうゲーム機自体に触っていない、という状態にしよう。それが〝終わった〟ということだからね」

「10分ゲームを続けて、アラームが鳴ってからスイッチを切って片付ける……という

ことではないんだよ」

曖昧な表現を減らし具体的に伝えることで、息子と私の認識を擦り合わせました。

以降、息子は「セーブする時間を知らせるアラーム」「ゲーム機の電源を切るアラーム」のように複数台のタイマーを使用して、頑張って時間を守れるようになりました。

親の〝普通〟は必ずしも「子どもの普通ではない」

17

常識やルールなどの〝普通〟を「大事にしよう」「必ず守ろう」ということは、事あるごとに教えます。その当たり前を守れないと、他の人に迷惑をかけたり傷つけたり自分自身が危険にさらされたり、最悪の場合法律を破ってしまったりすることがある。

でも、**発達障害の「良い部分」は常識にとらわれない発想**です。ルールでガチガチに固めてしまうと創造性が損なわれることにもなるので、**他人を巻き込まない限りは、息子にとっての「普通」や「当たり前」を尊重**しようと決めています。

たとえば、1時間後に習い事に行くため準備をして欲しいのに、唐突に本を開いたり、おもちゃを出してきたりと〝今しなくてもいい作業〟に30分も40分も使っていたとしても、そこは、つい口を出したくなるのをグッと我慢。

「遅刻しなければ、ま、いっか」

最終的な目的や目標、ルールを息子としっかり合意できていれば、そこまでの過程や中身は息子自身に任せたいと思っています。

「着替えもあるし、カバンも準備しなきゃいけないし、ちょっと順番がおかしいかもしれないよ？」

私が〝普通〟に考えたらそう感じることも、息子の価値基準のほうがひょっとしたら効率的だったり意味があるかもしれません。

これは、あらゆることについて言えます。

発達障害やギフテッドには、社会や技術をいっぺんに変えるようなイノベーションを起こす能力や才能があるとも言われています。実際にアメリカでは、彼らの持つ才能や可能性をより深く大きく広げようとハーバード大学やマサチューセッツ工科大学では積極的にギフテッドに門戸を開いていますし、〝GAFAM〟に代表されるような世界的大企業は、ギフテッド人材の争奪戦を繰り広げています。

日本でも2014年に東京大学先端科学技術研究センターで才能児への学びの場を提供したり、ソフトバンクの孫正義会長が『孫正義育英財団』というギフテッドのための私塾を開設したりして、留学や起業の支援をしています。そして2023年からは、文部科学省が「特定分野に特異な才能のある児童生徒」への支援事業を開始し、いよいよ日本が国としても才能教育に動き始めています。

私を含めた**一般的な人の〝普通〟——価値観やルールを「これが〝普通〟だから」と押し付けてしまえば、彼らの能力や才能の芽を摘んでしまいかねない**、と強く思います。私の当たり前は息子の当たり前ではないし、世界の常識でもありません。人それぞれ「普通」はまったく違うのです。

だからこそ、他人を巻き込まない限りは彼らの〝普通〟を見守ることも親の務めだとも思っています。

18 「ちゃんとしなさい!」は「NGワード」

「もっと、ちゃんとしなさい!」

子どもを注意したり叱ったりする時に、誰でも一度はこう言ったことがあると思います。実際、私も発達障害を勉強する以前は、毎日のように使っていました。

「しっかり座りなさい!」

「早くしなさい!」

「ちゃんと」「しっかり」「早く」——どれも汎用性が高くて、とても便利な言葉です。でも、発達障害にとっては、伝わりにくい言葉なんです。

なぜなら、どれも**「具体的ではない」**から。

「ちゃんと」は何をもって〝ちゃんと〟という状態なのか? 何をどうすれば「しっかり」していることになるのか?「早く」もどれくらいの時間なのか? 5分なのか?

5秒なのか？　あるいは今すぐなのか？　私と息子でイメージしている時間は違います。個人によって感覚には違いがあるわけです。

つまり、どの言葉も、基準や数値がかなり曖昧だということです。これではこちらの考えや意図が伝わりにくいし、誤解も起こります。

私たち大人でもそうですが、特に発達障害の子どもにとって、〝見通し〟が立たない曖昧な状態は強いストレスになります。「わからない」という不安が、新たな問題を引き起こすきっかけになったりすることもある。だから**内容が具体的にわかるような、納得して進められるような明確な指示や伝え方を、親のほうがする**必要があるんです。

「前を向いて背筋をまっすぐ伸ばして、背中はイスの背もたれにつけて座ろう」

「7時55分までに支度を終えて、8時になったら玄関へ行くよ」

「12時までに、部屋のおもちゃを箱にしまって本を全部本棚に戻して」

私はこのように、**「最初に○○をして、次に□□をして……」と短文で、数字を使って具体的に伝える**ことを心掛けています。こうすれば、息子も先を見通せて不安や迷いが減ります。指示が長過ぎると、今度は聴き終える前に集中が切れてしまうこともあるので、とにかく端的に短文で。

「それじゃ、子どもに言いたいことを全部言えないよ！」

その通りです。

ポイントは**「言いたいことを厳選する」**こと。

発達障害に限らず、親がアレもこれもと大量に言っても、パーフェクトにできる子どもは、ほとんどいません。ですから**全部言わずに本当に大事なこと、ポイントだけを伝える**ようにします。

これは言ってみれば、親のマネジメント能力を試されているわけです。簡単ではありませんし、偉そうに言っている私も成功率50％未満だと思いますが……。

最近は息子とスマホでやり取りすることも多いのですが、私から何かを伝えたい時、**文章をすぐに送ってしまうのではなく、一度読み返す**ようにしています。「……これだと伝わらないかもな」と、メッセージを書き直すこともしばしばです。これはホワイトボードを使った文字での指示と同じ、指示の〝見える化〟です。


「言うことを聞いてくれない」

「言ったはずなのにやっていない」

という悩みは、親なら誰しもが持っていると思います。子どもを叱ってしまう前に、自分の指示が相手にとってわかりやすいかどうか、ちょっと思い返してみてください。

言ったことは、伝わっているでしょうか？　**「言った」と「伝わった」は別物**です。

19 「なんで?」と尋ねずに「まずは会話を楽しむ」

私が息子へのサポートで最重視しているのが二次障害の予防です。ストレスもトリガーの1つですから、**日常会話でも息子のストレスを減らす**ように心がけています。

私と息子のコミュニケーション量は、おそらく一般的な親子より多いと思います。

お互いの情報や考えを共有することで信頼関係が生まれることはもちろんですが、言葉や反応の端々から息子の発達障害の状態を確認したり、ちょっとした変化も汲み取ることができたりします。そうすれば困りごとや課題への対策の精度をより上げることができますし、会話量が増えれば、息子が私の意図を理解して、

「お父さんが言うなら、やってみるよ」

と向き合いやすくなります。学校でのコミュニケーションが不足しているので、私を相手に会話の練習にもなります。

ところが、そうやって息子と会話している時に、発達障害の影響から「?」となることがよくあるのです。

息子の話には主語が少ないのです。

そもそも、日本語は主語がなくても伝わる特徴があります。たとえば、

「今日の午後、(あなたは) 何をしていたの?」

「(僕は) 昼ご飯を食べて、遊びに行ったよ」

という具合です。たしかに (あなた) (僕) が省略されていますが、日本語の場合、前後の文脈や関係から主語が誰かわかるため、省略しても問題ありません。

でも息子の省略は、この日本語の主語省略の特徴とは異なっています。たとえば、私と息子がこんな会話をしたとします。

「今日の午後、(あなたは) 何をしていたの?」

「昼ご飯を食べて、遊びに行ったよ」

一般的に考えたら、昼ご飯を食べて遊びに行ったのはもちろん (息子) のはずです。ところが息子の場合、これが自分のこととは限らないのです。

- **自分が昼ご飯を食べてから、遊びに行った。**
- **自分は昼ご飯を食べた。クラスメートは遊びに行った。**
- **先生が昼ご飯を食べた。自分は遊びに行った。**

あくまでも例え話ですが、このくらい主語の幅が広くなることがあります。実際にあった息子との会話で、こんなこともありました。

「学校でボールを投げたら、すごく遠くまで飛んだんだ」

私は、「あぁ、今日は休み時間にボール遊びでもしたのかな」と思いました。ところが息子が意図した内容は、

「何日か前に、教室の窓から校庭を見ていたら誰かがキャッチボールをしていた」

だったのです。これでは会話が嚙み合わないのも当然です。自他の境界線の曖昧さというADHDの特性が、こうした話し方に影響していると見る専門家もいます。

何度か確認したことがあるのですが、**息子の中では、誰の話かいつの話かも「当然、お父さんもわかっている」ものと思っている**ことがあるそうです。この辺りが発達障害の影響なのですが、非常にユニークな感覚、私には見えない世界であり、「ワクワク」

ポイントでもあります。

ただそうは言っても、話を聞く私は主語がないと内容がわかりませんから、息子に「誰の話?」「いつの話?」と尋ねることになります。

ところが、引っ掛かる度に確認を入れて息子の話の腰を折ってしまうと、今度は息子が不機嫌になってしまいます。話がすんなり伝わらないとイライラするのは、大人も子どもも同じです。そうなると、会話したいと思わなくなります。

息子のコミュニケーション力を高めたい、信頼関係を深めたいと思って積極的に会話をしているのに、これでは本末転倒。なにより息子が「会話は楽しくない」となってしまう恐れもあります。

私自身が俯瞰から目的意識を捉え直し、**何が最大の目的であるかをよく考えて、「誰?」「いつ?」と尋ねたいのをグッと我慢。**アナウンサーとして日本語の違和感を堪えるのは、なかなか苦痛です。**主語などの欠けている部分や時系列は推理して、なるべく息子の話を遮らない**ように気を付けます。そうすることで、息子は「他人と会話する」ことを楽しめます。

そして会話が落ち着いたタイミングで、

「今のは○○君のこと?」
「今の話だと、はじめに〝○○君が〟と言ってくれたほうがわかりやすくなるよ」
と、機嫌を損ねないように言葉を選びながらアドバイスします。

社会に出て行くことを考えれば、息子は、できる限り5W1H――「誰が・いつ・どこで・何を・なぜ・どのように」をしっかり押さえたコミュニケーションの基本を身につける必要があります。ですから、言うべきことはしっかり言わなくてはいけません。

でも、今はまだ、息子が「会話を楽しむ」ことを重視。この先、息子自身が「会話が苦手」と自覚が深まってから、慎重にアドバイスをしていこうと思っています。

20 〝イライラ〟〝屁理屈〟も「ホワイトボードでクールダウン」

障害のあるなしに関係なく、誰でも、自分の思い通りにならないとイライラするものです。イライラすると、普段できることもできなくなったり、別の問題行動を引き起こしたりします。

息子は発達障害特有の不器用さ、意思疎通の困難さなどから、自分の思い通りにいかないことが非常に多くあります。毎日毎日、できない自分と向き合って、我慢しています。そのため、息子はイライラしやすい性格のように私には見えます。

イライラした時の息子は、「こだわり行動がより強くなる」「冷静に論理的に考えられなくなり、論理が飛躍する」「結果、本人の意図とは関係なく屁理屈（と感じられる意見）が多くなる」という傾向があります。私は、屁理屈や論点のすり替えで相手を〝論破〟して、自分の正当性を担保するような行為が好きではありません。

私が実践している対策は2段階です。

1つ目は、**息子のイライラスイッチが〝オン〟になったら「先回りして本人に伝える」**ことです。

「あ、イライラしそうだな」「イライラしだしたな」と、いち早くこちらが気づいたら、

「あれ？　何かイライラしているの？」

「何か嫌なことあった？」

と伝えます。それに対して息子は、こう答えることがほとんどです。

「ううん。イライラしてないよ」

でも、様子は明らかにイライラしています。この先回り指摘作戦は、小学生の頃は火に油を注ぐように一層イライラが炎上するケースが多くありました。私も、言い方も良くなかったと反省しながら、バージョンアップを繰り返していきました。

結果、中学生になった最近は、先回り指摘された息子はスッとその場を離れたりして自分なりのクールダウンをすることもあり、成長が感じられるようになったと思います。

次に2つ目。イライラからの問題行動を起こして、それを私が指摘したり叱ったり

すると、反論として「屁理屈（と感じられる意見）」が出始めた時です。

その場合は**口頭だけのやり取りではなく、「ホワイトボード」を活用**します。言葉同士だと、文字通り売り言葉に買い言葉で言い争いになってしまいがち。息子のイライラと言動は、エスカレートしていく一方になります。

だから、こういう時にはホワイトボードを使って、**問題を〝見える化〟**します。

「きみの話は〝論点〟がずれているよ」

「今、きみが話していることは……」

一連の流れを、ホワイトボードに図で書いて説明します。

「お父さんが怒ったのは、一番大事なAのことでしょ？」

「きみが言っているBやC、Dは大事なAにはあまり関係しないか、関係しているけれどAの中の小さなことだよね？」

「一番大事なのはやっぱりAだよね？　だからまずは、Aに限った話をしよう」

本人も怒られて頭に血が上っていますから、「とにかく何か言い返さないといけない」という状況になっています。そのため自分の意見にこだわって私の指摘を認められなかったり、論理が飛躍したり、論点をずらしていきます。息子は自覚無しで使っていると思うのですが、時に〝ストローマン論法（相手の意見や考えを正しく引用せずねじ曲げて、その歪んだ意見や考えに対して反論するという論法）〟や〝二分法（実際には他にも選択肢があるのに、2つの選択肢だけを迫る論法）〟で意見してくることがあり、びっくりします。

そんな熱くなってしまった議論の中、**ホワイトボードを間に挟むことで〝間〟が生まれます**。それに息子は発達障害の影響で耳からの情報取得が極端に苦手で、視覚からの方が得意な〝視覚優位〟です。耳で話を聞くよりも、目で見て情報を理解するほうがやはりストレスが少ない傾向があるのです。

ホワイトボードの活用で多少は落ち着いて、「何がいけなかったのか」を考えてもらえます。

ただその一方で矛盾しているようですが、実はこんな独自の解釈と屁理屈（と感じられる意見）が垣間見えた時も、「ワクワク」ポイントなのです。

発達障害の息子は会話が得意ではないので、話す内容がわかりにくいことが多いです。同時に独特の考えをするので、「息子なりの正当な理屈」が、聞いているほうにとっては屁理屈に感じます。

私は息子が小学校中学年頃から、**その屁理屈を深掘りして聞くようにしています。聞いてみると、非常にユニークな経路や回路でしっかりと論理的に繋がっている**ことが多くあるとわかりました。一瞬で、これだけ深く多様に物事を解釈できるなんて、とても私にはできません。

もし、私が息子の話を毎回「屁理屈言うな！」とすべてを一蹴してしまったら、「お父さんに言っても、どうせわかってもらえない」と、なってしまったかもしれません。この息子の思考の深さと広がりへの〝気づき〟は、のちに麻布中学受験に役に立つことになります。

21 目標は細かく&逆算して「今日」「今月」「今年」「3年後」

発達障害、特にＡＤＨＤ傾向が強い息子の子育てでいまだに苦労するのが**「目標設定」**です。

私はテレビ東京に入社して1年目の時に、自分の20代のキャリアゴールを決めました。

「30歳までに会社を辞める。それまでにＡとＢとＣの３つ仕事をやる」

そのゴールから逆算して、「そのためには25歳までにはＡをやり、28歳までにはＢをやる」という数年単位のチェックポイントを設定していました。ＭＢＡ取得のために大学院に通っていた時、ビジネスパーソンは、この〝逆算型〟か、反対の〝積み上げ型〟で目標設定やキャリア形成をしていくケースが多いと教わりました。

私は大学でキャリアデザインについて講義することもあるのですが、その時も「逆算型」を学生の皆さんに薦めていて、私自身、良い結果も出ていたので、これまでは「逆算型が最良」と考えていました。当然、息子の発達障害支援にも当てはめてみようと思ったのです。

ところがこれが、上手く機能しませんでした。

発達障害の論文を読み解いていくと、逆算型が機能しない理由は2つあると感じました。

1つは、発達障害の特徴である「報酬系機能」の弱さです。これは「将来のメリット」より「目先のメリットを優先」してしまう傾向が強いということです。

誰でもありがちなことですが、発達障害だとより極端に、将来のメリットを感じにくいと言われています。受験で言えば、「今、勉強しておけば志望校に合格できる」と言われても、「今日、今、ゲームがしたい」という気持ちが勝ってしまい、ダメだとわかっているのに、毎日ゲーム時間が勉強時間を侵食してしまう。そんな自分を制御することができない状態です。

報酬系機能の弱さへの対策には、**いきなり遠くのゴール（大きな目標）を設定せず、途中に細かく「チェックポイント」を設置する**ことが良いとされています。

「2年後の入試で合格」の前に、

「1か月後までに問題集を1冊終える」

「半年後の数学検定合格」

「1年後の模試で偏差値60」

というように、比較的短いスパンで小さなチェックポイントを作ります。

ただ息子の場合、この作戦だけではダメでした。

そこで理由2つ目。脳の「認知の仕方の偏り」です。

人間は物事を理解するのに、「同時処理」タイプか「継次処理」タイプのどちらかの傾向に分かれます。端的に説明すると同時処理は、「最終的に何のための作業なのか目的がわかると理解が早くなる」タイプ。継次処理は「1つ1つの作業を積み上げるの」が得意で、結果的にゴールが見えてくるというタイプ。発達障害だと、この偏りがより顕著に強まります。

息子は「同時処理」が強く出ています。よってチェックポイント作戦だけだと最終的な目的が見えにくく「何でこの作業をやらなければいけんだろう?」と、理解が滞ってしまうんです。

そこで実行したのが**「最終目的の明確化＋超短期チェックポイント」の合わせ技**作戦。

息子と日常から時間をかけてコミュニケーションをとり、**遠くからでもはっきり見える大きな目標を作ります。これで目指す方向や目的地を明確化。**

次に逆算したチェックポイントを作るのですが、この期間を**「1年後」「半年」「3か月」「1か月」「1週間」「今日」のように長期〜中期〜短期〜超短期で細かく目標**を立てます。

超短期目標となる「今日」は、毎日コツコツできる身近な内容にします。「歯磨きを4分でしよう」「朝食を20分で食

べよう」「朝8時前には学校へ出発しよう」「17時から1時間勉強しよう」……等々、生活の習慣や勉強など、とにかく息子が「意識すればできる」レベルの小さなステップです。

この時、**「できないこと」をチェックポイントに設定したくなる気持ちをグッとこらえます**。私もはじめは、超短期チェックポイントを「できないことをできるように」設定し、失敗しました。ここは気をつけたほうがいいところです。ADHDは「怒られの天才」と皮肉られることもあるくらい、できないことが多く苦しむケースが多いと言われます。そんなADHD当事者に「できないこと」チェックポイントを並べたら、あっという間に自己肯定感が低下し、「自分はやっぱりダメなんだ」と二次障害のトリガーになりかねません。

子どもの頃の超短期チェックポイントは、**意識すればできることとできないこと、"9：1"**くらいの割合でいいと思います。優先すべきは、「心理的安全性」です。

「自分は自分でいい」

「怖がらずにトライしてみよう」

そう感じられる環境です。

中期目標は「今月のスイミングの試験で平泳ぎを合格しよう」や「3か月後までにプログラミングでゲームを作ろう」など。長期目標は、年に2回の『全国統一小学生テスト』をターゲットにしていました。

どちらも、**ポイントは「必ず息子と相談し息子に決めさせ、自己決定感が得られること」「息子ができそうな範囲で目標設定すること」**です。

22 こだわり特性を逆手にとって「やるべきことを習慣化」

発達障害には、突然の予定変更や想定外の出来事、見通しが立たないことが極端に苦手な人がいます。〝いつも通り〟ではない物事に不安やイラ立ちを感じやすく、物事の順番や方法、ルーティンに強くこだわることもあり、それらが問題行動の引き金になることもあります。小学校中学年まで、息子にもその傾向がありました。

「今日は10時に病院へ行って、お昼頃、家に帰って13時に買い物へ行くよ」

当時はこのように、あらかじめスケジュールを伝えておくと、比較的スムーズに理解してくれて予定が進みました。

裏を返せば、ルーティンであればスムーズなんです。

「もしかしたら、良いこだわりを〝習慣〟にできれば上手くいくんじゃないか……？」

良いこだわりを、習慣として彼の〝毎日の予定〟の中に組み込んでしまえば、問題行動も起こらないし、息子のできることが増えるかもしれない。

そこで**低学年の頃から、息子の朝のルーティンを固める**ことにしました。

- **起床後、顔を洗う。**
- **服を着る。**
- **新聞を取りに行く。**
- **朝ご飯を20分で食べる。**
- **食べ終わった食器をキッチンのシンクへ下げる。**
- **5分間で歯磨き。**
- **1時間勉強をする。**
- **登校前の10分間は新聞を読む。**

決して難しいことではありません。ですが、ADHDの忘れっぽさや衝動性があると、この日常的な何でもないことができません。誰もが「当たり前にできる」前提なので、できないと悪目立ちします。繰り返されると、親が叱ります。叱られると、やりたくなくなります。悪循環です。

それを避けるためにルーティンにしています。結果、息子はルーティンに関しては、今でもスムーズに動いてくれます。

ちなみに時間を明示しているのは、先にも書いたように「早く食べなさい！」の「早く」のようなあいまいな伝え方に対して、発達障害特有の解釈を避けるためです。

習慣化することは、息子ときちんと話し合った上で決めています。

はじめに必ず「何のためにやるのか」を説明します。「わかった」と納得してくれればいいのですが、納得してくれない時もあります。

ここで大事なのは「無理矢理やらせない」ということ。息子が納得できない理由を聞き出しながら、一度、息子の気持ちを受け止めます。

「〝嫌だ〟という気持ちもわかるよ」

「でも嫌だからやらないということにすると、こんな問題が起こる可能性があるよ」

息子にとっての**メリットとデメリット、やらなかった場合の将来のリスクなどを、**

大人相手のビジネスプレゼンのように丁寧に説明します。本人が納得したら、そこで初めてルーティンにします。

「じゃあ明日からやってみよう。お父さんとの約束だよ」

同時に、**「約束を守れなかった場合はどうするか？」も話し合う**ようにします。

当たり前ですが、「約束は守らなければならない」という世の中のルールを、社会の最小単位でもある家庭内でしっかりと意識させたい、という考えがあるからです。

習慣の大切さや重要さについては、私自身が最も大切にしている考え方でもあるので、普段から何度も話しています。元メジャーリーガーのイチローさんが、成功の秘訣を「コツコツやるのことが一番の近道」と語っていたことなど、私が尊敬する方々のエピソードを話しながら、息子に、

「気づいたらできていた！」

「習慣やルーティンって凄い！」

という成功体験を味わって欲しいと思っていました。**成功体験は自己肯定感に繋がり、二次障害の〝防波堤〟になってくれます**。

習慣化の中には、もちろん学習も含まれます。麻布合格後、受験勉強について息子

と振り返る時、私は必ず「習慣の大切さ」に紐づけて話すようにしています。

「合格したのは、きみが勉強を習慣にしてコツコツ頑張っていたからだよ。小学校1年生の時から、毎朝早起きして1時間〝先取り学習〟をしていたよね。眠くても頑張って毎日やっていたね」

「習い事や病院に行く時もプリントを持っていって、スキマ時間にやっていたね。旅行に行った時も海外の空港でフライト待ちの時間でプリントやったね」

「コツコツやって、気がついたら、すごいところに来たよね？　だから習慣って大事だし凄いんだよ」

息子は、進学塾に通えない中で、ほかの子どもとまったく違う生き方を6年間少しずつ続けてきました。「続けることが大事」ということが、少しでも息子の中に経験として残ってくれたら、彼の将来にも必ず生きてくると確信しています。

23

親自身が「リスクになっていた」という大反省

私が、ずっと後悔していることがあります。反省して改善しようとしていますが、今でも「完璧にできている」とは決して言えません。偉そうにこの本の中で発達障害の子育てを語っておきながら情けないのですが、読者の皆さんには私のような失敗や後悔をして欲しくないので、文字に残そうと思います。

「怒られの天才」と揶揄されるＡＤＨＤを色濃く持つ息子は、どれだけ注意を促しても忘れてしまうことがあります。

怒られている最中はシュンとしているのですが、瞬間的に〝怒られている〟という状況を忘れて、「あっ！　赤い車が行った！」と窓の外の車に夢中になったり、怒られている最中に寝てしまうこともあります。

何度も何度も、説明したり話し合ったり、注意したり怒ったりしても、徒労に終わることもあります。信じられないかもしれませんが、息子にはまったく悪気はありません。いつも本気で反省し、二度と繰り返すまいといつも全力です。忘れてしまうのは発達障害によるものであって、本人のせいではないということは、私も十二分に理解しています。

それでも耐えられなくなって、「イラッ！」として大きな声で叱りつけてしまうこともあります。この状況は息子にも私にも良くありません。

息子と話し合ったところ、愕然とすることがありました。

「お父さんにこれだけ怒られるのに、怒られたことを覚えていられないの？」

「覚えられない。覚えなきゃと思っているのに、できない」

「そうか。でも覚えて反省しないとまた怒られちゃうよね。なんで覚えられないんだろう？」

「わからない……僕はいつもいっぱい怒られ過ぎる。**一つ一つ頑張って何とか反省しようとしてるんだけど、とてもツラくて、このままだと僕の心がもたなくなっちゃう。だからツラくなってきたら忘れるようにしてる**」

この言葉にハッとしました。

過去にあった嫌な記憶を急に思い出すことを「フラッシュバック」と言います。何年も前の出来事が、あたかも今、目の前で起きているような感覚に陥ってしまい、パニックになってしまう現象です。消したい記憶が消せなくて、ずっと苦しんでしまうこともあります。

フラッシュバックは私達にも、大人にも子どもにも起きうることですが、発達障害を持つ人はそれを起こしやすい傾向にあると言われています。苦手なことの多さや感覚過敏、対人関係、不安の強さなどが多いので、フラッシュバックの元となる〝トラウマ〟を抱きやすいのです。つまり、嫌な出来事がいったん脳に刻まれてしまうと、消えにくいという特性があるということ。これが積み重なってしまうと、PTSD（心的外傷後ストレス障害）やさらなる二次障害に繋がってしまう可能性があります。

つまり、心が「もたなくなってしまう」のです。

「もしかしたら、息子は〝自己防衛〟をしているのかもしれない」

「〝忘れるという技術〟も、彼にとっては必要なんじゃないだろうか」

ここまでも何度も書いていますが、私の最優先事項は「自己肯定感を下げない」「二次障害を避ける」ということ。その大目標から見れば、息子の「忘れるようにしてる」

は、むしろ正解でした。

反省すべきは、私でした。発達障害ゆえに、できないことがあります。わかった〝つもり〟になっていたのは父親である私であって、発達障害ゆえにできない息子は何も悪くありません。情けない話ですが、自己肯定感を下げていたのは、最も近くにいる私だったのです。

もちろん正しいことを覚えて改善していくことは大事ですし、もし他人や自分を傷つける恐れのある問題行動があったら、丁寧に指摘しようと思います。

ただし、**「忘れることで、自分自身を守っている」ということを「お父さんは理解しているよ」と伝える**ようにもしています。

24 実践したMBA戦略「早修と拡充で〝両利きの学習〟」

発達障害、とくに息子のような高IQを併せ持つ2Eタイプの教育で重要なのは**「早修」**と**「拡充」**です。

海外では早くから採用されている教育で、日本でも2023年から動き始めた文部科学省の才能教育〝特定分野に特異な才能のある児童生徒〟においても重視されています。私はこの考え方を、2E教育の第一人者である関西大学名誉教授の松村暢隆先生の論文で知り、実際に発達障害動画メディア『インクルボックス』でも松村先生に話を伺いました。

- **早修……学校のカリキュラムで、年齢以上の内容を勉強する先取り学習のこと**
- **拡充……学校のカリキュラム以外で、個の才能に合った学びを探し深めること**

拡充は日本では習い事などが近いと言われているのですが、つまり早修と拡充を掛け合わせることが、発達障害や2Eの能力を高められる方法となります。

この早修と拡充という考え方に出会った時、私は入山章栄先生の顔を思い出しました。入山先生は、私がMBA取得のために通った早稲田大学ビジネススクール時代の恩師ですが、入山教授が命名した理論〝両利きの経営〟が、「早修と拡充に良く似ているな」と感じたからです。

両利きの経営によると、ビジネスの世界で企業がイノベーションを起こすには、「知の深化」と「知の探索」の掛け合わせが必要だと言われています。

・知の深化……自社の商品や強みを磨き込んで収益化すること

・知の探索……自社の範囲外の新しい商品や、新規事業を提供すること

つまり私の中で「早修＝知の深化」「拡充＝知の探索」と繋がったのです。発達障害を伸ばす教育は、経営学のイノベーション理論と極めて近いと解釈しました。

「MBAで学んだことを応用すれば、息子の教育に生かせるかもしれない」

両利きの経営では「日本企業は知の深化は得意だが、知の探索が苦手」とも言われています。なぜなら探索はコストがかかり、収益化（効果が出る）まで時間がかかるため、企業としては慣れている深化のほうに注力してしまうためです。これではイノベーションが起こりにくい。私はこれもまた、日本の教育に合致していると感じました。

拡充である習い事は受験勉強に直接的には関係ありません。時間とお金のコストをかけるなら、親としては「進学塾で先取り学習（＝早修）させたほうが良い」と考えることと同じです。

これらのことから私は、発達障害や2Eの才能を伸ばす早修・拡充を、入山先生の理論になぞらえて、**「両利きの学習」**と呼んでいます。

私は、**拡充のために息子に習い事をたくさん経験**させてきました。

小学生時代で定期的に通っていたものだけで英会話、プログラミング、水泳、体操、療育施設が2か所。途中で辞めた習い事は音楽教室、サッカー、学習系療育。夏休みなどの長期休暇の間に参加したものはサマーキャンプやテックキャンプ、アート、料理教室などです。週末に開催されるさまざまな体験イベントにも積極的に参加しました。ただし、受験対策の進学塾には通っていませんでした。正確には「通えなかった」のですが。

習い事は息子が「やってみたい」「行ってみたい」と言ったものは、可能な限りチャレンジさせてみましたが、嫌がることは押し付けないようにもしていました。結果、ほぼ毎日、何かしらの習い事に通っていました。

息子になるべく多くの習い事をさせたい理由は、大きく3つありました。

まず1つ目は**学校以外の人と関わり合う**ため。

ASDなど発達障害はコミュニケーションが苦手です。他人の状況や気持ちがわかりにくいので、〝空気〟を読むのが難しいのです。

習い事でいくつものコミュニティに属することで、より多くの人と交流できるチャンスが生まれます。また発達障害に限りませんが、学校以外の居場所、いわゆる〝サードプレイス〟を持つことも、子どもにとって大事だと言われています。

2つ目の理由は**「身体の使い方」を覚えて欲しかった**、ということ。発達障害があると体幹や筋力が弱いケースが多いので、背筋を伸ばして真っすぐに立つ、座るが難しくなります。姿勢は勉強に限らず、人間関係など全てに関わってくるのですが、運動して鍛える以外に改善する方法はありません。

体操は、発達障害の体幹強化では最も知られている習い事です。息子も保育園の頃から通い、跳び箱も鉄棒も苦手でしたがコツコツ続けた結果、6年生で〝ロンダート（側転に1／4回転のひねりを入れ両足で着地する技）〟ができるようになりました。

水泳も体幹はもちろん、全身の筋肉が鍛えられます。運動が苦手な息子は、通

い始めた頃、まったく泳げないどころか顔を水につけることもできませんでした。ところが、6年生になるとクロールや平泳ぎはもちろん背泳ぎ、バタフライまでできるようになりました。しかも私より速く泳げるようになったんです。

「コツコツ続けたら、お父さんよりも速く泳げるようになったね」

「運動は苦手かもしれないけど、水泳はできてるよ」

習慣化からの成長を味わっておけば、これから先、やったことがないことやできないことにぶつかった時も尻込みしない、失敗を怖がらないようになるかもしれません。

3つ目は、**拡充のため――息子の個性を発見して伸ばす**ためです。

「何か1つ、得意なことが見つけられるといいな」

それがあれば自己肯定感も引き上げることができます。私が感じていることですが、中学生になった息子はプログラミングと英語が得意……になりかけているように感じます。小学生の頃から長らく続けてきた成果かもしれませんが、プログラミングに関しては、習ったことのない私の理解を遥かに超えています。そんな息子に、私はまた1人で勝手に「ワクワク」しています。

一方で、発達性協調運動障害の影響から、サッカー、ピアノ、料理は難しいようでした。ピアノを演奏するには、楽譜を読む目と音を聴く耳、鍵盤を弾く手とペダルを踏む足をそれぞれ別々に、しかも全体を協調させながら行う必要があります。サッカーも、料理も、複数の動作を同時にやることが求められますから、どちらも〝苦手の詰め合わせ〟でハードルが高かったようです。

とはいえ、たとえ上手くいかない習い事だったとしても、「人と交わる学校以外の場所」というだけで息子にとってはプラスなのです。

数々の習い事で息子のコミュニケーション力が上がったかどうかはわかりません。ですが、少なくとも**「人嫌いにはならずに、ここまで来た」**という面があると感じています。これは習い事のおかげかもしれませんから、意義は大きかったと思っています。

25 発達障害の薬「飲むか飲まないか」問題

発達障害の保護者が必ず思い悩む**「薬の服用」**について、息子のケースを書いていきます。

息子は小学1年生の2学期頃から薬を飲んでいます。そもそも発達障害の薬は、発達障害を治すものではありません。発達障害は脳や神経の多様性ですので、病気ではないからです。ではどんな効果があるかというと、たとえば、ADHDの多動性や衝動性を少し弱めることが期待されます。

発達障害の薬は数種類あり、医師から許可されると処方されるのですが、当時、息子はそのうちの2種類を飲んでいました。

正直、子どもの薬の服用に関しては、親の間でも医師の間でも賛否があります。それぞれ立場や考え方があって、なかなか結論は出ないと思います。

私は主治医に詳細まで伝えて何度も相談し、息子にもすべて話した上で「飲もう」ということに決めました。小学1年生の1学期を終えたところで学校での息子の問題行動の様子や頻度から決断した、学校生活でのトラブルを減らし二次障害を予防するための選択でした。

結果、服用を始めてから改善が見られるようになりました。

その一方で、新しい別の問題も出てきました。

薬の副作用で、もともと旺盛だった食欲が減退し、食事量が減ってしまったのです。息子は食べることが好きで人並み以上に食べるほうでしたが、薬が効いている間は「お腹が空かない」ようです。生まれつき痩せていましたが、身長の伸びに対し身体つきはさらに痩せ細ってしまいました。成長期なのに食べられないというのは健康面で大きな問題です。

「これではマズいな……」

夏休みなど長期休暇の間には、薬を飲むのを止めてみたこともありました。薬の力を借りずに生活できないかのテストです。

すると確かに食欲は戻るのですが、問題行動も出てしまいます。外出中に一緒に歩いている時など、小さかった頃は急に走り出しても大人の足でサッと追いつけたのですが、成長するにつれて走るスピードも力もついてきて、私が付いていてもヒヤリとする瞬間が確実に増えていました。危険を減らす意味からも、薬を完全に止めることはなかなか難しい。

薬の効果はおよそ10時間。朝飲んだ薬が切れだす夕方以降、寝るまでの間にどれだけ栄養やエネルギーを身体に入れられるかが勝負です。主治医に相談した上で、私は**食べることに関しては一般的な制限を無くす**ことにしました。

一般的に子どもの食事は「3食しっかり＋間食」だと思うのですが、息子に関しては**「食べたい時に、食べたいものを、何でも食べてOK」**ということにしてあります。夕食の直前でも、つまみ食いでも、寝る直前でも、息子が「食べたい」という時を逃さないことを最優先に考えています。

キッチンには、息子がいつでもつまめるようなおやつも用意しています。おやつは数種類、種類ごとに透明な瓶の中に入れて、目で見ても楽しめて、いつでも取り出して食べられるようにしています。

食事面でも、「発達障害に効果がある」と言われているものに関しては、積極的に試しています。有名なところでは亜鉛や鉄、くるみなどナッツ類、小麦（グルテン）を摂らない「グルテンフリー」や、牛乳やチーズ、ヨーグルトなどの乳製品を摂らない「カゼインフリー」などです。

グルテンフリーは、プロ・テニスプレーヤーのノバク・ジョコビッチ選手が実践して成績が良くなったと公表してから、多くのトップアスリートも導入しています。一般の人の中にも、グルテンフリーを実践している人がみられるようになってきました。

ただ、まだ完全にグルテンやカゼインと発達障害との因果関係が証明されたわけではありませんから、あくまでも常識の範囲内での食事制限にしています。「苦しむわが子を救えるなら何でも試そう」という〝藁にもすがる〟執念です。

26 買い物トレーニングは「コンビニで現金払い」

学校と家以外の場所での困り事に**「買い物」**があります。

息子は、買うモノを決めるまでにとても時間がかかります。恐らく、皆さんの想像以上です。

たとえば、コンビニで昼ご飯を買おうとする場合、店に入る前から「今日はおにぎりにしようかな……」となんとなく考えていたり、サンドイッチの棚を見ながら「カツが美味しそうだからカツサンドにしよう」と決めたりすると思います。

でも息子の場合は事前に考えたり、流れの中で決めることがとても苦手です。おにぎりの棚、サンドイッチの棚、お弁当の棚、麺類の棚……と端から全部の棚と商品を見ていくのですが決まりません。すると、もう一度、おにぎりの棚に戻ってどれがいいか選びだすんです。でも、それでも決まりません。これを5往復くらいすることもあります。

「1回目見た時に食べたい候補を3つくらいに絞って、2回目で吟味すれば？」

そうアドバイスをしても、なかなか難しいようです。

これは私の想像ですが、息子がなかなか選べない、決められないのは、ワーキングメモリと処理速度が関係していると考えています。

息子はワーキングメモリが非常に高く、処理速度は相対的に低いことがわかっています。その差が極端に大きいことが、発達障害の診断理由の1つになっています。

ワーキングメモリが大き過ぎるため、一度に入ってくる商品の情報が、恐らく一般の人よりも膨大なのでしょう。**相対的に低い処理速度では、その情報量に追いつかず、処理し切れなくて、パソコンの〝フリーズ〟状態**なのだと私は解釈しています。

ハンバーガーチェーン店は、もっと苦手なようです。何種類もあるハンバーガー、何種類もあるサイドメニュー、何種類もあるドリンク、さらにサイズやトッピング……。数学的に言うと、これらを組み合わせた分だけ選択肢があります。

「今日はテリヤキバーガーは確定で、あとはどうしよう？」

といったように選択肢を絞ってしまえば楽なのに、と思っても難しいようでした。

以前、この件について話を聞いた時、息子はこんなことを言いました。

「どの組み合わせが安くて得かなぁ、と考えちゃうんだ」

どうやらそれぞれのセット価格差も考えているようです。おそらく脳内でオートに行われているのでしょう。話を聞いて驚きましたが、これもまた、私にとっての「ワクワク」ポイントなのです。

こうした出来事が起きた場合、事情を何も知らないと、親としてはつい叱りたくなります。

「後ろの客に迷惑をかけちゃダメ！」

「早くしなさい！」

でも、発達障害の知識を持ち、しっかりとコミュニケーションをとると、叱るより先に発達障害のユニークな能力が見えてきます。

「短い時間の中で、そんなふうに深く考えていたのか……！」

「この能力は、発達障害の息子の人生を救う指針になるかもしれない……！」

息子に接する時は、全力で〝私の中の普通や常識〟を除外して、理解の裾野を広げるように心がけています。

とは言え、将来を考えると、ひとりで買い物がスムーズにできるようになって欲しい。そこで小学生の時、**コンビニやスーパーでは「制限時間を決めて買うモノを選ぶ練習」**をしていました。

「好きなお菓子を1つだけ、3分以内に決めよう」

そのまま1人にしておいて、時間が経ったところで「決まった?」と聞くのです。初めは決め切れないことが多かったのですが、今ではほとんど問題なくできています。

また中学生になってからは、土曜日は〝昼ご飯は自分で買う日〟としています。麻布中学校の毎週土曜日の授業は午前中で終わり、午後は部活です。平日はお弁当を持たせていますが、土曜日だけは学食やコンビニで昼ご飯を買わせています。

この狙いは**「買い物に慣れること」「お金の実践知識を養うこと」「自己決定の喜びを知ること」**です。

小学生の頃は、自分で買い物した経験がほとんどありませんでした。発達性協調運動障害のため、財布から小銭を取り出したりする細かい動作が苦手だったこと。またADHDの忘れっぽさの影響で、財布を失くす恐れが強かったこと。1人で道路を歩く際に、フラフラと車道に出る危険があったためです。

麻布に進学を決意してから、すぐに「買い物の練習」を始めました。

実践している工夫としては、**財布とリュックを繋ぐウォレットロープを使用して、財布を失くさないよう予防**しています。小銭を出すという作業の必要がない〝タッチ決済〟のようなキャッシュレスにするか迷いましたが、まずは**お金の使い方や概念を知って欲しいと考え、現金払い**にさせています。

最初の頃は危なっかしい場面も多かったのですが、今では下校途中にコンビニに寄って自由な買い物を楽しんでいるようです。

27

〝変化〟〝変更〟〝反省〟は「スマホアプリにメモ」

毎日、朝から夜までずっと息子と接していると、彼の言葉や態度、仕草などのちょっとした変化に気づくようになります。

「……あれ？　こんなことを言うのは珍しいな……？」

「今日はなんだか落ち着かないな……何かあったかな……？」

息子の朝のルーティン中、食事中、登下校中、勉強中に、**感じたこと、気になったことなどをスマホのメモアプリに必ず書き留める**ようにしています。これを小学校入学時からずっと続けています。

特に、**習慣化していたことを変えたり新しい習慣化にトライした場合は、変更前と変更後の内容を書き留めて、その結果もメモ**します。

たとえば、減薬を開始した日はこんな内容を書き留めます。

・○月△日／発達障害薬A　朝○錠→○錠に変更。
・どういう行動をしがちになるか？
・衝動性、多動性がいつもより出るか？
・言動がいつもと違うか？

食事に関しても、普段あまり食べないモノなどを息子が口にした場合はチェックしておきます。その後、いつもよりも集中力が落ちていたりしたら、それについて簡単な考察も記録します。

・□月△日○時／カレーパン1個。
・夜、集中力が下がった。昨日パンを食べた影響か？

メモにはネガティブな内容だけでなく、**できたことや頑張ったことなどポジティブな気づきや変化も記録**します。さらに息子のことだけでなく、

・今日はつい怒鳴ってしまった。
・言い過ぎてしまった。

というように、私の父親としての反省も記録します。

「なぜ、そう言ってしまったのか？」

「他に対応策はなかったのか？」

振り返り、反省し、繰り返さないためです。

発達障害の子育ては、毎日、

「ＡＤＨＤの子どもに求めるのは酷だとわかっているのに、できなかったら強く叱ってしまう」

ことの繰り返しです。私自身、「本当

に申し訳ない」と思いながらも、どうしても叱ってしまいがちです。

「言い方を間違えてしまった」

「息子の発達障害を理解した言い方にするべきだったのに……」

そう思ったら、親子でもしっかり謝ったほうがいいと考えています。**メモに記録すると客観的に自分の行動を反省できるので、子どもに謝りやすくなる**のです。

このように、メモを1年、2年、3年……と続けていくと、膨大な量のファクトが積み上がります。毎日少しずつ変わっていく問題や成長を、頭の中だけで逐一こと細かに記憶しておくことはできません。でも**ファクトの記録を俯瞰して見返せることで、それまで見えなかったことやわからなかったことが「見える」**ようになります。小さな事実を積み上げることで、点と点が線で繋がったりするんです。そうなれば、

「なぜそうなったのか？」

「じゃあ、先にコレはやめておこう」

「こうなるのはアレが関係していたのかもしれない」

ある程度、先読みしながら傾向と対策を立てられるので、効果的、効率的になります。実践しての感想ですが、**メモを続けてきたことで支援の精度が高まってきた**感覚

はあります。

発達障害、ＡＤＨＤは、ひとりひとり特性の強弱や傾向が違います。同じＡＤＨＤでもあの子どもに効果のあった方法や対応が、こちらにはまったく合わなかったことは山ほどあります。**メモで記録を残していくことは、その子どもに合ったオーダーメイド支援に役立ちます**。

3章

凸凹息子の学習支援でやった11のこと

28 勉強は自宅で「ひたすら先取り」

発達障害は小学校に入学後、生活ルールや集団行動など〝社会〟に触れるようになって初めて、それまでは見えなかったさまざまな問題がはっきりとわかるようになるケースがとても多いと言われます。いわゆる**「小1の壁」**です。

低学年の頃の息子もさまざまな問題に直面することになり、勉強どころではありませんでした。そこで早々に、「学校で勉強する」ことは諦めることにして、別の目標を息子に伝えました。

「学校では無理に勉強しなくていい」

「クラスメイトと少しでも会話ができればＯＫ」

でも、それでは当然、授業について行けなくなってしまいます。私は決心しました。

「勉強は家で教えよう……！」

小学1年生からずっと国語、算数、理科、社会のすべてを教えてきました。でも、私が行ったことはシンプルで、特別な学習メソッドではありません。

いわゆる**「先取り学習」**。これは、3章で書いた入山先生の〝両利きの経営〟をオマージュした「両利きの学習」の早修にあたります。

学校の授業よりも先に、家庭でどんどん単元を学んでいくという学習スタイルなので、在籍している学年を飛び越えて――小学1年生で2年生の単元を学んだりしてもOKです。先取っておけば、たとえ授業に集中できなかったとしても、勉強についていけなくなる危険性はグッと少なくできます。

また結果論ですが、付きっ切りで教えることで息子が「何が得意か、苦手か」「どこが理解できているか、いないか」を私も細かく正確に掴むことができました。

私が息子の弱点を知っているので、効率的、効果的な復習ができていたと思います。

使用した教材も特別なものではなく、**書店で売っていた教科書準拠の副読本や問題集**でした。教材の使い方も、この通りオーソドックスです。

①問題集のページをコピーして、制限時間を決めて解答させる。

②解答を私がチェック。間違った箇所に印を付ける。
③しばらく時間を置いて、もう一度同じページを解答させる。

また、**毎日のルーティンとして、朝の同じ時間に10分間の「新聞を読む」**時間を作っていました。世の中のニュースをはじめスポーツ、芸術、歴史、自然科学……さまざまな情報に無作為に触れさせるためで、小学校6年間は**『朝日小学生新聞』**、中学生になった現在は**『日本経済新聞』**を読んでいます。これは「両利きの学習」の拡充の1つにあたり、すでに実績や効果が証明されている発達障害教育や才能教育の知識をベースにした取り組みです。

このように、教材や勉強方法は一般的なアプローチでしたが、少しだけ独特だったかもしれないのは、徹底的に発達障害向けに〝アレンジ〟したことです。発達障害動画メディア『インクルボックス』の活動の中で身についた知識が、ここでも役に立ちました。

発達障害の療育では基本中の基本として教わる、本人の「発達特性に合った学習環境の調整」を何度もトライ&エラーで確認、実践していきました。

29 テレ東時代の工夫を応用「10分スキマ学習」

息子に実践した発達特性に合う学習環境の調整の事例をいくつかご紹介します。

【ルーティン化】

生活面のルーティンと同様に、学習面でもルーティン化を導入しました。たくさんあるルーティンの中で一番意識したのは**「毎日の学習開始時間を同じにする」**ことです。ＡＳＤの特性には、突発的、偶発的なことに対応するのは苦手ながら、決められた作業、同じことに繰り返し取り組むことは得意、というものがあります。朝の学習開始時間も、その特性を利用して習慣化しました。**小学校の時は、平日午前7~8時、中学生になってからは、平日6~7時が学習時間**として、息子のルーティンになっています。

【ホワイトボード】

勉強する内容は、前日の夜のうちにホワイトボードに書き出します。勉強のタイムテーブルも、このように細かく書いていました。

- **7時～7時10分／算数50～52ページ。**
- **7時10分～7時20分／社会20～22ページ。**
- **7時20分～7時30分／漢字10～14ページ。**

発達障害にある「物事の見通しが不明確だと作業が滞る」ことを避けるために、予定を〝見える化〟しました。同時に、息子は視覚優位型で画像や短文の方が指示が通りやすい特性があるので、可能な限り文字数は少なくします。

【短時間】

そして**勉強の予定は全部「10分刻み」**にしました。

息子はＡＤＨＤの影響で〝注意の持続〟機能が弱いため、〝60分ごと〟のような長時間は避け、5分、10分、15分……と、程よい時間を探りました。その結果、10分なら集中し切る確率が高かったので、勉強は毎回「10分刻み」としました。算数の勉強を10分やって、次に理科を10分やる、という具合です。

この短時間勉強を、もっと効率的に行える方法はないかと、「ローテーションデスク」という勉強法を考えて実践してみました。これは、広いテーブルに4か所、それぞれ別の教科の問題集を置き、10分ごとに息子が場所をグルグル移動して勉強する方法です。これだと、次の教科の教材を準備したり開いたりする手間も時間も省けます。ただ結果的に、この作戦は上手くいかず途中で撤退するのですが、後ほどもう少し詳しく書こうと思います。

【アラーム】

先にも登場したキッチンタイマーです。これは一番助けられたアイテムです。10分間のスキマ学習を実践する上で一番面倒だったのが、時間管理です。毎朝の忙しい時間帯に10分ごとに息子の勉強をケアすることは大変です。

そこで、**キッチンタイマーやアラームを10分にセットして、本人に時間管理をさせ**

るようにしました。アラームが鳴ったら息子自身で次の課題に移行し、もう一度アラームをスタート。もし息子がアラームをスタートさせることを忘れても、
「あれ？　アラームの音がしなくなったな」
と私が気づくので、その時だけ息子の様子を見に行って、私がアラームを押します。なかなか気持ちが乗らない日も多くあります。そんな時にもアラームをセットして、「10分だけ頑張ろう」と声掛けをしました。スモール・ステップを越える粘り強さを息子が感じ取ってくれれば、と思っていました。

さらに、10分という設定には、もう1つ意味がありました。**10分あれば「いつでもどこでも勉強できる」という習慣を身に付けさせる**ためです。

【スキマ時間】

10分学習の狙いは**「スキマ時間」の活用**でした。

病院やレストランの待ち時間、習い事への移動時間など、細切れになったスキマ時間は毎日の生活の中でたくさんあります。**一気に長時間の勉強ができない息子には、「〝ちょっとずつ〟をたくさん積み上げるしかない」**と考えました。

そもそも、私自身が限られた時間を効率的に使う、ということを非常に重視して生きてきました。ここから少しだけ私の昔話をします。

息子が生まれる前、テレビ東京で月曜〜金曜日の夕方のニュースでキャスターを担当していた時、20代半ばの私はとにかく〝できないヤツ〟でした。

経験はもちろん足りませんが、圧倒的に知識が不足していました。忙しさを言い訳にして、毎日のオンエアをこなすことで精一杯で、たとえば「北朝鮮拉致問題」「政治とカネの問題」「靖国参拝を巡る外交問題」など、何度も番組で取り上げておきながらニュースの深層をわかっておらず、表だけ〝キャスター顔〟をして図々しく出演していました。

こんな〝浅い〟ニュースキャスターは、もちろんスタッフから信頼されるわけがなく、毎日仕事場で逆風を感じながら、それでも報道機関の重要な責務を全うしなければならないジレンマで、本当に苦しい日々でした。毎朝、心身が重く、出社前のバスルームから出られなくなるような状況でした。もしかすると、あの頃の私は心の病になっていたのかもしれません。

「せめて、毎朝の時間の使い方を変えてみよう」

逃げることもできず精神的に追い込まれた私は、そう考えて実践しました。

朝、それまでより2時間早く起床し、前日夜から当日早朝までに録画した各局の6つのニュース番組を〝2倍速〟〝2画面〟で全部見ることをルーティンにしたのです。

このルーティンを始めて2~3か月もすると、知識がついてきたのか、それまでは苦手だった新聞を読む作業が短時間でできるようになっただけでなく、内容も理解できるようになってきました。

すると、番組のゲストや取材対象者の言っていることが、驚くほど理解できるようになったのです。当然、オンエアはもちろん、打ち合わせで私が話す内容も深くなっていった感覚がありました。

気がつくと、周囲のスタッフの対応が、以前と変わっていました。私が「やりたい」と提案した企画が、どんどん採用してもらえるようになりました。もしかすると、私への評価が変わった結果だったのかもしれません。

「時間の使い方を工夫すれば、僕のような出来の悪い凡人でも、評価を変えることができるんだ……!」

テレビ東京の同期入社は大江麻理子アナ(現キャスター)。誰からも愛される彼女は、私にとって新入社員時代から本音を言い合える唯一のパートナーで、大好きな家族のような存在です。

1つ下の年次には、同じ1978年生まれの大橋未歩アナ（現フリー）がいました。仕事で重なる機会が多く、修羅場でも彼女1人の努力で切り開いていく姿を何度も目の当たりにしました。私にとっては頼れる戦友です。人として素晴らしく公私で大尊敬できる大好きな2人で今も交流がありますが、私にとってこの同級生たちは、アナウンサーとして必要な能力、努力、センスのすべてを極めて高い水準で兼ね備えたまさに〝モンスター〟でした。

「こういう人たちが、愛されるアナウンサーなんだ」

一番身近に大江と大橋がいたおかげで、私はアナウンサーを早々に辞める決断ができた、と言えるかもしれません。

そして根拠のない自信も消え、凡庸である自分を受け入れた上で、どうやって生きれば良いのかを考えました。その戦略の1つが「時間の使い方」でした。言ってみれば、大江と大橋のおかげで、私は息子に時間の使い方の工夫をできたわけです。

人生は思わぬことが繫がるんだなぁと、神様の脚本力に驚きます。

30 身を守る〝防具〟としての「小学生テスト」

さて、息子は**朝の1時間とスキマ時間で、コツコツ先取り学習**を進め、算数に関しては小学2年生の時点で、6年生の内容まで終えていました。

「全部やり終えてしまったけど……次に使う教材はどうしよう?」

息子は小学1年生の時から、『全国統一小学生テスト』を受けていました。ある日、たまたまテストを運営する進学塾・四谷大塚のホームページにいろいろな教材や問題集があるのを見つけました。試しに1つ上の学年の4年生向けの難易度が高い算数の教材を取り寄せてみると、今まで使っていた教科書準拠の教材よりも面白く、解説が丁寧でした。

「これは、息子のやる気を引き出すのにちょうど良いかも」

すぐに全科目分を取り寄せて、3年生の時から切り替えて毎日取り組み始めました。

ですから、今考えるとある意味、この時から息子は中学受験の勉強を開始していたのかもしれません。ただ、この時は私も息子も中学受験なんてまったく考えていませんでした。頭の片隅にもありませんでした。当時、**私達が目標にしていたのは、「『小学生テスト』で〝成績優秀者〟になる」**ということでした。当時の『小学生テスト』では全国で上位50位以内になると、成績優秀者として公式サイト上で名前が発表されました。さらにトップ30位に入ると、ｉＰａｄが貰えたりアメリカの名門大学の視察旅行といった副賞が貰えることになっていました。

私は、**年に2度ある『小学生テスト』をちょっとした〝腕試し〟に位置付けることで、日々勉強することの意味を持たせたい**と考えました。そして同時に、息子にこう伝えました。

「勉強は人と競争をするものではないよ」

「今の自分がどれくらいできるかを知るためにテストがあるんだよ」

私は誰かと比べられたり、人と競い合うのが苦手です。競争すべきは過去の自分だけ。昨日の自分、１時間前の自分、１分前の自分には「絶対に負けちゃいけない」と常に思っていて、そう息子にも話していました。テストは他人との比較ですから、私としては本来は好きではないのですが、社会はどこまで行っても競争がつきまといますから、息子もそれに慣れていかなければなりません。

実は成績優秀者を目指すのには、もう1つ意味がありました。

それは**「勉強で身を守る」**ということ。

小学校では、息子の発達障害に由来する変わった発言や行動が多かったせいで、周囲から残念ながら辛辣な対応をされることがありました。私の目の前でいじめられたことも、1度や2度ではありません。

『小学生テスト』の公式サイトに息子の名前が載ったら――。これから中学受験を意識する家庭も増えていく中で、それ見たクラスメイトの親御さんは、「これって、あなたのクラスの赤平君?」と聞くはず。そうなれば、

「赤平はちょっと変わっているけど、頭のいいヤツ」

こんなポジションを確立できれば、いじめられないはずです。「野球ですごい球を投げる」「サッカーチームのエース」「ピアノのコンクールで優勝した」「日本全国の鉄道を全部知っている」……等々、何か1つ、飛び抜けたものがある子どもは、何となく周りから一目置かれます。運動もピアノも苦手な息子ができそうな身近なことが、勉強でした。

いじめられて息子が二次障害にならないために、勉強が身を守る〝防具〟になるかもしれないと思っていたのです。

『小学生テスト』は6年間受け続け、結局一度も名前が掲載されることはなかったのですが、その結果から見えたことが、後々、麻布を受験するギリギリで役に立つことになります。

31 算数・数学検定は「自信をつけるスモールステップ」

『小学生テスト』と同じように、**勉強の目標として活用したのが『実技数学技能検定』——通称『算数・数学検定』**です。

『算数・数学検定』は、財団法人日本数学検定協会が実施している算数、数学のテスト。年数回実施されていて、11級（小学1年生相当の難易度）～6級（小学6年生相当の難易度）までの算数検定と、5級（中学1年相当の難易度）～1級（大学相当の難易度）まで13段階に細かく分かれています。学年や年齢による受験制限がなく、自分の習熟度に応じて好きなクラスを受験できます。

この『算数・数学検定』にも、小学1年生からずっとチャレンジしていました。**級が段階別に分かれているので、1つずつハードルをクリアしていくのが〝見える化〟しやすく、短期目標としてのスモール・ステップにうってつけ**だったのです。また、

次の目標の級がどのくらいの難易度か先が見通せるので、中長期の目標としても有効でした。テストに向けて「頑張ろう」という動機付けにもなり、発達障害の学習支援には非常にマッチしていると考えました。

息子は、学校の先取り学習と並行でコツコツ勉強し、小学3年生の段階で数学検定3級（中学3年生相当の難易度）まで取得できました。

もう1つ、『算数・数学検定』は予期せぬプラスをもたらしてくれていました。

これは中学受験が終わった後に知ったことなのですが、中学受験の算数には、受験生なら誰でも知っている〝特殊算〟というものが存在します。有名な〝つるかめ算〟をはじめ〝旅人算〟〝植木算〟〝流水算〟……など、「これを用いると簡単に答えが出せる」という公式のようなもので、全部で24種類くらいあり、進学塾では必須テクニックとして教えてくれるものだと言います。でも息子は進学塾に通っていないので、この特殊算を習っていませんし、私も中学受験をしていないので知りませんでした。

ところが**息子は、『算数・数学検定』で身につけた数学のスキルを自分流にアレンジして問題を解いていました**。これも結果論ですが、数学検定のおかげで意図せず中学受験の対策になっていました。

「よし、この勢いで数学検定1級までいける……!」

そう意気込んだのですが、残念ながら発達障害の影響で先には進めませんでした。

「記述式解答」がネックとなってしまったんです。

準2級以降は高校数学の範囲です。より複雑でボリュームも多くなる計算式と、説明のために簡潔で論理的な文章を書くことが求められます。元々息子は、発達性協調運動障害があり、鉛筆を手で持って書く〝運筆〟が苦手です。強いストレスがかかり、集中を問題に向けにくくなります。さらにワーキングメモリと処理速度が極端にアンバランスなため、脳内の情報を整理してアウトプットすることに強い抵抗感を持っていました。

3か月ほど、準2級のための勉強の様子を見ていましたが、どんどん辛そうになっていきました。これ以上やって勉強そのものが嫌いになってしまったら、自己肯定感を高めるという本来の狙いが失われてしまうかもしれません。

「『算数・数学検定』で、これ以上のストレスをかけることは止めよう」

ここまでの結果を、息子の自信としたまま終えた方が長期的にプラスになると判断し、数学検定からは撤退しました。

3年生の時には、学校の先取り学習も全科目で6年生分まで終えたタイミングでした。勉強の軸だった先取り学習と『算数・数学検定』が同時期に無くなって、学習の軸は四谷大塚の教材に一本化されました。

32

文章力は〝ある〟のに「正解が書けない」問題

もう少し、息子の**「書く」**ということについて説明をします。

ここまで書いてきた通り、息子は書くことが苦手です。発達障害による　指先の微細運動や空間把握の苦手さ、さらに体幹が弱く姿勢良く座って文字を書けないため、決められたスペースやマスに文字をきちんと収めることに苦労します。思い通りに文字が収まらないから、漢字の書き取りなどはかなり嫌いです。つまり、文字を書くことそのものに強烈なストレスを感じ、その影響で勉強へのエネルギーが削がれてしまいます。

発達障害動画メディア『インクルボックス』でインタビューした、ワーキングメモリの専門家である広島大学大学院の湯澤正通教授によると、ワーキングメモリはネガティブな感情があると容量をそちらに使ってしまうため、残量で思考したり作業することになるそうです。つまり**ストレスやイライラはワーキングメモリの容量を下げ、学習効率を下げる**ことがわかっています。

このように、息子にとって「運筆＝文字を書く」ことは、勉強の効率を下げてしまうという非常に厄介な問題がありました。

ただ、これが脳や神経に由来する発達障害の複雑で難しいところでもあるのですが、息子は自由に創作できる文章のように、自分の好きなことを好きなだけ書くことなら、字は汚いながら楽しくできるのです。また親バカな発言になりますが、私は、息子には「言語に関する独特なセンスがある」と感じていました。日本語のプロであるアナウンサーという仕事をしている父親の私が、たまに嫉妬することもあるくらい、息子の言い回しや言葉選びにユニークさを感じるのです。実際、国語の授業中に息子が作った標語がコンクールで賞を獲ったり、小学1年生の時に書いた昔話『桃太郎』の〝その後〟が、想像を超える発想力と出来の良さで「なんだコレは!?」と度肝を抜かれたこともありました。

ところが、文字数やスペース、制限時間など決められたものを書くことになると、途端に上手くいきません。鉛筆が止まり白紙解答になってしまうことが多くありました。ワーキングメモリの中から必要な情報だけを、素早く適切に抜き出す処理が苦手だからです。

〝決められたもの〟の象徴といえば、テストの答案です。

答案では決められた時間で、決められた文字数で収まるように、必要な情報だけを書くことが求められています。

「頭の中にあることが、書けない」

そう息子は苦しんでいました。記述式解答は物理的にも精神的にも、息子にとってはストレスの塊なのかもしれません。

ここまで書いた内容に気づかなかった頃の私は、簡単な感想文すら書かない息子にイライラしていました。ただ単純に勉強を嫌がっているようにしか見えなかったからです。発達障害の知識がないと、このように親であっても子供の状態を見誤ります。知識不足は二次障害の最大の〝トリガー〟になるのです。

この「書く」ということは、麻布受験におけるラスボス——最強にして最後の難敵となりました。

33 字を書くストレスを回避する「方眼ノート」「パソコン」

ここで、「書く」ことのストレスを減らすために実践したことを紹介します。

まずは**「方眼ノート」**です。

方眼ノートは原稿用紙のように、正方形のマス目が印刷されているノートです。1マスに1文字書き込むスタイルで、ケイ線のノートよりも「マス目があるので図や表、グラフが書きやすい」「書き出しのマス目を揃えることで見出しを分類しやすく内容をわかりやすくまとめられる」といった良さがあります。

小学校6年間、息子が学校や家での勉強の際に使っているノートは、すべてこの方眼ノートでした。

発達障害の子どもにとって、方眼ノートはとても便利です。**一般的なケイ線タイプのノートに比べて、「文字が書きやすい」**のです。

障害特性の1つで、息子は空間把握が苦手です。人と人やモノとモノの間隔などを上手く判断できません。これは、文字を書く場合も同じです。文字の〝はね〟や〝はらい〟、線と線、線と点、偏とつくりとの距離や位置、サイズの大小が掴めないので、どうしてもバランスのわるい汚い字になってしまいます。ケイ線ノートの場合は、余白部分が広いので、どれくらいの大きさで、どの位置から書いたらいいか迷ってしまうのです。

それが方眼ノートだと、1マスに1文字ずつ書けばいいので迷いにくい。結果、比較的読みやすい字を書けて、ストレスも少なく済みます。算数の筆算も、方眼

ノートで書いたもののほうが見やすくなります。

ただ、作文のように書く文字数が多い場合は方眼ノートでも強いストレスとなって途中で気持ちが切れてしまったり、そもそも書く作業に取り掛かれなくなることもあります。そこで別の支援として「書くことそのものを減らす」アプローチも実践しました。ここで使うのが「パソコン」です。

私は息子にパソコンを積極的に使わせています。保育園の頃から息子をパソコンに触れさせていて、小学校では合理的配慮として先生の許可を得た上で、〝Ｗｏｒｄ〟を使って課題作文を作成し、提出したこともありました。息子は鉛筆で書くより、タイピングのほうが、ずっとストレスが少なくて済むようです。

書くことのストレスを軽減して、勉強のストレスを減らすわけです。

大切なのは「学びを得る」ことです。間違っても、鉛筆で字を書くことが最終目標ではありません。

手段と目的が逆転しないように、「良さそうだな」と思ったもの、効果のあることはどんどん利用するようにしています。

34 「カラーマスノート」「総理大臣の名前」で時短学習

次に紹介するアイテムは、**「カラーマスノート」**です。

これは書字障害の支援グッズとして非常に有名なノートで、その名の通り、〝色分けされた〟方眼ノートです。一般的な方眼ノートよりも1マスが大きめ、そして1マスが4分割され、それぞれ色分けされています。カラーマスに漢字を書く場合、4分割&色分けされていることで、

「どの色のエリアに、どれくらいの大きさで、どのパーツを置く」

「左上の〝青〟から始めて〝黄〟まで線を書く」

というように、位置関係を把握しやすく、バランス良く書きやすいという特徴があります。

しかし、残念ながら小学生は「大きなマスで、字を書きやすい」だけでは、書いて

くれません。書く動機がないからです。

「カラーマスノートで練習すると、字がきれいになるよ」とすすめてみたところで、それまで汚い字ながら学習ができていた息子としては、必要性を感じません。ASDの特性に、強いこだわりがあります。自分の中のルールや習慣通りにやらないとイライラしたり、時にはパニックになってしまうのです。

この強いこだわり、支援する親としては非常に厄介な特性です。もし悪癖に強いこだわりが付いてしまうと、それを直せなくなります。

こだわりをほぐす対応策として、「丁寧に論理的に説明する」ことが必要と言われています。私は息子とのコミュニケーション量を、意図的にかなり多くしています。

その理由は、

「論理的に説明して息子がスムーズに理解するためには、どんな言い方だと効果があるか」

「反対に嫌がる説明方法は何か」

など、息子の傾向を掴むためです。言ってみれば私の〝息子研究〟です。息子研究でわかっていたことは、

「息子は時間を無駄にすることが嫌い」

ということ。つまり、息子攻略のキーワードの1つは**『時短』**でした。

カラーマスノートで字を書く練習をさせるため、〝時短〟で論理的な息子のメリットを考えていた時、ふと思い浮かんだのが「歴代内閣総理大臣の名前」でした。

「このカラーマスノートに歴代の総理大臣の名前を書いてみよう」

「そうすれば、漢字の練習だけでなく社会の勉強になるし、字も綺麗になる。一石三鳥だよ」

初代の伊藤博文から2代・黒田清隆、3代・山縣有朋……と、まず私がお手本としてカラーマスノートに名前をすべて書き入れます。息子はそのお手本にならって、同じページに書き取り練習をしていきます。

この工程を何度かやったら、お手本無しのカラーマスノートに息子が初代総理大臣から暗記した名前を書いていきます。

この手法で**「徳川16代の将軍名」「元号」「都道府県」「県庁所在地」……と、テーマの範囲を広げながら書き取り練習**をしました。発達障害の支援は、

①「幅広く深い発達障害の知見」がベースとなった上で、

②「当事者の正確な理解」が進み、

③「適切な支援」となります。

私を含め、多くの人は**手間暇のかかる①②を飛び越えて、解答である③を知りたがりますが、重要なのは、3層構造のうちの1層目——①**なのです。

発達障害は「100人いたら100通り、同じ発達障害はいない」のですから。

35

勉強机は「ローテーション」「スタンディング」

続いては**「勉強机の工夫」**です。

療育では「勉強机の周りには何も置かない」「勉強部屋はできるだけ物を少なくする」という指導があります。意識がアチコチに散りやすいＡＤＨＤ特性への対策で、これは効果があるので息子にも実践してきました。

ですが、ここで書く〝工夫〟は、「勉強机そのもの」の話です。

小学1年生の頃、息子は子ども部屋にある自分の勉強机で勉強していました。ところが、息子は集中が続かないため、子供部屋の勉強机でぼーっと座っているだけだったりすることも多くあったのです。

そこで、ある時から気分転換にリビングでも勉強させるようにしました。わが家のリビングには、主に食事用のダイニングテーブルとローテーブルがあって、この2つのテーブルを息子の気分や状態に合わせて勉強用に使うようになりました。これは習慣化と矛盾するので、悩ましい判断でした。

いつも決まった場所で勉強すれば、「ここに座ったら勉強」という習慣にしやすい。コロコロ学習環境を変えてしまうと、習慣化しにくくなります。ただ、**息子は集中力が続かないですし、その中で無理やり勉強をやらせると「勉強机は嫌な場所」という記憶の定着になってしまう**気がしました。将来的にフラッシュバックや別の問題の引き金になってしまう可能性もある。**二次障害の視点から考えると、勉強する場所にこだわる必要はない**、と私は判断しました。

結果的にうまくいかなかったのですが、ダイニングテーブルでは「ローテーションデスク」作戦も試しました。これは「短時間」で「気分転換をしながら勉強をする」方法として考えた作戦です。

リビングにあるダイニングテーブルは4つの席があります。それぞれの席のテーブルに国語、算数、理科、社会と1教科ずつプリントや問題集をあらかじめ置いておきます。そして10分ごとに隣の教科に移動していく――テーブルをぐるぐる〝ローテーション〟していくという作戦です。短い集中力を生かし切ろうという考えです。

元々息子は、勉強時間も10分刻みのスケジュールにしていました。でもその場合、勉強中は私がそばにいて10分ごとに次の科目の教材に入れ替える必要がありました。この手間を自動化できれば、「私がラクになるかな」と思ったのです。

少し話が逸れてしまうのですが、〝親がラク〟ということについて、もう少し詳しく書こうと思います。とても大事なことなので。

発達障害の子育ては、一般的な子育てより親の負担が大きいと言われます。親は子どもを愛しています。「将来のために何でもしてあげたい！」と思うのは当然でしょう。でもこの時、すべてに全力１００％で支援すると、親の心身が蝕まれるケースがあります。これでは親子共倒れになりかねません。発達障害の周囲の家族がストレスなどにより抑うつなど心身に不調をきたす**〝カサンドラ症候群〟**は、近年の発達障害支援で注目されている事例です。

私がいつも意識しているのは、**ＳＤＧｓ同様に発達障害支援は〝サステナブル（＝持続可能）〟であるということ。病気ではなく完治のない発達障害と向き合うには、長続きする戦略を優先する**ようにしています。

話を戻します。このローテーションデスクは、残念ながら持続不可能でした。理由は、息子の学年が上がるにつれ勉強の難易度が上がって、10分以上じっくり時間をかける必要がある問題が増えてきたためです。

わが家でその後、採用したのが**「スタンディングデスク」**作戦です。立ったまま作業や勉強ができる背の高い机を使って〝ずっと立っている〟ことで、一般的な机よりも集中しやすくなる、と言われています。実際に企業のオフィスなどでも導入事例があります。息子が実際に使用したのは、普段の勉強机の上に〝あと乗せ〟するタイプのスタンディングデスクでした。これなら場所も取りません。使用開始は麻布受験を決断した2023年12月以降でしたが、その効果については、後ほどお話しします。

36 勉強と〝ご褒美〟の間に「偶然性を入れるガラガラ抽選」

ゲームやYｏｕＴｕｂｅなどの動画視聴も、発達障害の子育てでは難しい悩み事です。わが家では、ここも工夫しました。

「課題を頑張ったからゲームを買ってあげる」

「テストで100点を取ったらお小遣いをあげる」

「家事のお手伝いをしたからYｏｕＴｕｂｅ見ていいよ」

こんなやり取りは、親なら誰でも経験したことがあると思います。そして、こうした〝ご褒美〟は賛否が分かれるのも事実です。「□□ができたら△△」に慣れてしまうと、こんな心配の声が上がります。

「ご褒美がないと勉強をしなくなってしまうのでは？」

「ご褒美のために行動するようになって、自発的な行動できなくなってしまうんじゃ……?」

そのような可能性もゼロではありません。

それでも私は、**ご褒美は「あり」**だと考えています。ただ、わが家の場合、ご褒美の与え方を工夫しています。

それは、**「ご褒美の渡し方を間接的にする」**ということ。

・勉強・お手伝い↓ご褒美

ではなく、

・勉強・お手伝い↓「?」↓ご褒美

という形です。この「?」には偶然性、偶発性のある〝遊び〟を入れると、「ご褒美をもらうには勉強しないと」というリンクが弱まると考えました。そこで使用したのが**福引などで目にする回転式の「くじ引き」――通称〝ガラガラ〟**です。

息子が小学校低学年の頃から、動画の視聴時間やゲームができる時間をガラガラで決めています。

ガラガラには金、赤、青、黄、緑、ピンク、白の7色の玉が50個ほど入っていて、勉強や生活の中で目標（約束事）を達成するごとに、くじを1回引ける決まりです。金が出たら60分、赤が出たら40分、青が出たら30分……と出た玉の色が〝獲得時間〟になっていて、その時間分だけ動画視聴やゲームができます。

白はハズレ＝0分ですが、ここには救済措置を設けていて、ハズレが10個貯まると、もう1回ガラガラを回せるというルールにしてあります。これは、「ちゃんと勉強したのにゲームできない！」というストレスを減らすためです。

ゲームも動画も一日合計60分が上限時間。60分を越えた時間は、私が買い取って息子のお小遣いに換金しています。

ガラガラの権利は**勉強面と生活面の2種類あり、かなり細かく設定**しています。

勉強面だと、まず「30分で算数のプリントを終わらせたら1回」のような普通のもの。さらに個別の〝テーマ〟ごと。解答ペースが遅いことが気になった時は、「10分以内に7番の問題まで進んだらガラガラ1回」といったスピードのトレーニングにも設定。その時その時に向上させたいテーマに合わせて、細かく設定しました。

ただ一方で、**気をつけていたのは「息子の成功体験を減らさないこと」**です。日によってまったく勉強に取り組めないことも発達障害では頻繁にあり、その場合「動画もゲームもできない」という不満が溜まってしまいます。

ADHDは〝怒られの天才〟と言われることがあります。そのくらい「できないこと」「わかっているのに、どうしてもうまくできないこと」が多いのです。

そんな日常的に「できない」自覚が多

くストレスが高い息子が、ガラガラもできず余計にストレスを抱え込むことは、まったくの本末転倒です。

そこで、ガラガラ権の獲得に「生活面」を組み込んでいるのです。たとえば、こんな目標です。

「朝、郵便受けに新聞を取りに行く」

「朝食を15分以内に食べる」

「お風呂を20分で出る」

「歯磨きを4分する」

いずれの目標も、「小学生なら当たり前にできるでしょ」と思われるかもしれませんが、必ずしもそうではありません。発達障害の注意欠如が強いと、やるべきことを忘れてしまってぼーっとしてしまったり、別の作業を始めたりすることは、当たり前に毎日起こります。息子はまさにその傾向が強く、本人も「どうしても、ぼーっとしちゃう」と苦しんでいる部分でした。そこでこのような日常生活の些細な行動、でも息子にとってはハードルが「少し高め」の目標を設定しました。

生活面の目標は比較的クリアしやすいようにして、もし勉強面でガラガラ権を獲得

できなくても、毎日必ずガラガラできるように微調整しました。

ご褒美のコントロールができるガラガラは、勉強の動機付けと、生活面で「できた」感覚を養うために、非常に効果的でした。「ご褒美がないと勉強しなくなるのでは？」というリスクと天秤にかけたとしても、プラスのほうが多いと感じます。

37 「勉強しなさい」は押してはいけない〝イライラスイッチ〟

勉強でも生活でも、息子と接する時に私が〝警戒レベルMAX〟にしていたのが**「イライラスイッチ」**です。このイライラスイッチは、シンプルに言うと息子の〝嫌がること〟で、私はできるだけ押さないように心がけています。

イライラスイッチは、発達障害の有無に関わらず、また子ども大人に関係なく、人間の心理を考えると、誰でも持っているものだと思いますが、イライラスイッチを押してしまうと、怒りや興奮の感情が高まります。興奮状態になると、冷静な判断は難しくなります。発達障害だとそれがより顕著で、スイッチを押したことで発達障害の特性がより強く現れるようになります。たとえば、

「より忘れっぽくなる」

「より衝動的・多動的になる」

「こだわりが一層強くなる」

ひどい時には、

「体幹のバランスが取れず、立っていられなくなる」

「他人の気持ちが一層わかりにくくなる」

「聴覚（感覚）が過敏になり、過剰に痛みを感じる」

などが起こります。この状態だと問題行動が連鎖的に起きて、普段できていることもできなくなってしまいます。

一番わかりやすい**息子のイライラスイッチが「勉強しなさい！」という、親の定番ワードです。私は〝基本的に〟このワードは言わない**ようにしています。

どのような流れでイライラするのか、小学校でのある日の息子の「学校から帰宅後の事例」で説明します。

①帰宅し、ルーティンの手洗い・うがい。

②キッチンに学校で飲んだ水筒を出す。

③ランドセルなどを自室の棚へ片付ける。

④習い事までの30分間で勉強する。
⑤歯磨きをする。
⑥習い事へ行く。

この帰宅後の導線の中には少なくとも8～10個のイライラスイッチがあります。イライラスイッチがどう入ってしまうのか、細かく説明していきます。

【①帰宅し、ルーティンの手洗いうがい】

帰宅直後は最も警戒します。それは、学校では先生方のご支援のおかげで自由度が高く、クラスメイトからは良くも悪くも「赤平は、あーゆーヤツだから」とレッテル貼りがあったので、息子自身は奔放に行動できました。その流れで帰宅するので、ルーティンの「手洗いうがい」を忘れて本を読んだりおもちゃで遊んだりと「やりたいこと」を優先したくなります。この時、

「手洗いうがいしてないでしょ？　しなさい！」

と注意するとイライラスイッチです。

【②キッチンに学校で飲んだ水筒を出す】

【③ランドセルなどを自室の棚へ片付ける】

【⑤歯磨きをする】

これらは①と同じで、息子が行動を忘れた時、

「水筒出してないでしょ？　先に出して！」

「ランドセルを床に放りっぱなしだよ！」

「早く歯磨きしないと、習い事に行けないよ！」

と注意するとそれでイライラしだします。

【④習い事までの30分間で勉強する】

勉強よりも楽しそうなことに飛びつきたくなる衝動が一番強まります。ＡＤＨＤは、この衝動的な欲求に抗うことが難しいです。ここで、

「遊ばないで勉強しなさい！」

と声をかけるとスイッチを押してしまいます。なぜ決まり事の勉強をしないで遊ん

でしまうのか、何度か息子に確認したことがあります。すると、

「〝やっちゃダメ〟と思っているのに気がついたら、やっちゃっている」

「いつも注意されているのに、なんで僕はできないんだろう……」

このように辛さや悔しさで涙を流すことがあります。発達障害の子育てで、親の辛さや負担はたしかに大きいです。ただ、**一番辛いのは、本人だということを忘れないように気をつけています**。

さて、このイライラスイッチの地雷原をどうやって突破するのか。百発百中ではありませんが、私が実践してきたのは**「先回り」と「タイミング」、そして「言い方」の工夫**です。

幸いASDのある息子は行動がパターン化しやすいので、ある程度息子の行動を予測して先回りすることができます。たとえば**【①帰宅し、ルーティンの手洗いうがい】**の時、

（1）帰宅。

（2）手洗いうがいしない。
（3）本を読み始める。
（4）注意する。

この（4）の「タイミング」だと、息子は「せっかく本が面白くなってきたのに」と、手にした幸福感を奪われたような不満を感じスイッチが入るリスクが高まります。

注意するなら、（2）と（3）の間のタイミングです。ここなら息子はまだ幸福感を手にしてないので不満も発生しません。また**注意の言い方も、「お父さん、仕事で風邪を引けないから、手洗いうがいをお願いね」というように、注意というより「相談、お願い、協力」**にします。**【②キッチンに学校で飲んだ水筒を出す】**の時は、

「今から皿洗いするから、水筒も出しておいて」

という具合です。

追加でもう一工夫しているのは**【④習い事までの30分間で勉強する】**の時です。

「あと30分で出発だから、1問でも勉強すればあとでラクだね」

「無理なら勉強はしなくても良いよ。勉強以外で自分が成長するためにやりたいことがあったら、そっちを優先して。そのかわり学力が落ちることは覚悟しようね」

わかりやすく論理的にメリットとデメリットを説明するようにします。これでスッと勉強のエンジンがかかるとは限りませんが、**「なぜ僕は勉強しているのか？」を常に考えさせる**ようにしていました。これが最終的な粘りや頑張りに繋がっていたと思います。

38 心がけるのはベストよりも「素早いベター」

「ベストは、目指さない」「完璧な支援やサポートは、しない」

これが私が決めている発達障害支援です。たくさん細々とある息子のストレスや生きづらさ、不安をすべて取り払うことは不可能です。

「息子にとって、ちょっとでもプラスにポジティブになるほう……ベストじゃなくベターであればいい」

この考えをベースに、支援方法のトライ＆エラーを繰り返しています。

私は元々、完璧主義寄りです。そんな私が息子の支援で「ベストを目指さない」ことにした理由は、早稲田大学大学院のＭＢＡ講義で聞いた、ある事例がきっかけでした。

ある企業が新製品の開発で、より良い製品にするため理想に100％合致するまで研究開発を続けた場合、60％程度までは時間に比例して完成度が高まります。

しかしそれ以上の完成度を求めると、完成度の伸びが鈍化していきます。完成度60％なら3か月でできるのに、100％だとその4倍、12か月かかってしまうようなイメージです。

これが企業ではなくアーティストならば、「12か月で100％を目指す」ほうが正解ですが、ビジネスなら3か月で開発を終えて、「12か月で60％の製品を4種開発する」ほうが正解、という講義でした。

12か月後にベストな商品を提供できたとしても、すでに新製品の旬が過ぎてしまっていてタイミングを逸した、なんてことも考えられるかもしれません。一方、3か月で60％の製品を売り出せば、新たな発見や消費者のニーズ、問題点が見つかるかもしれません。

まずはいち早く60％でやってみる。やってみてベターな方向にレベルアップしてい

けばいい。

発達障害の息子の成長は待ったなしです。私が必死に勉強して、完璧な支援方法を開発することは、待ってくれません。

MBAで学んだこの考え方をベースに、発達障害支援では60％、クイックに数多くのトライをすることを重視しています。

4章

凸凹息子と麻布受験支援でやった10のこと

39 支援を考えるなら受けるしかない「消去法からの中学受験」

ここからは、息子の中学受験について書いていきます。

ここまでに何度か触れましたが、**私も息子も、小学6年生の12月になるまで麻布受験はまったく考えていませんでした。**

ただ中学受験自体は、低学年の時点で考えていました。それは、進学校や大学の附属校などを志望する〝いわゆる中学受験〟ではありませんでした。小学校での毎日の生活に苦労する息子の姿を見て、

「公立中学校で通常の学級に進学したら、二次障害を起こしてしまうかも……」

と思ったのです。公立に行かせるのが怖かったのです。現状の公立中の支援に、強い不安がありました。

発達障害への支援は、未就学児童向けが一番手厚く、小学校、中学校、高校、大学

……と、どんどん少なくなっていく傾向があります。東京では発達障害を持つ子どもが公立中学校に進む場合、支援先は通級、特別支援学級という選択肢があります。

私は「中学校以上での通級や民間企業の療育」に疑問を感じていました。誤解して欲しくないのですが、小学校の通級も療育も、私は必要と感じましたし、素晴らしい先生に恵まれて大変感謝しています。あくまでも〝中学校以上〟では、従来の療育では効果が低いように感じていました。

通級や民間企業の療育は「1〜2人のある程度知識のある大人のもとで、近い世代の複数の発達障害の児童・生徒が一緒に学習したり、遊んだり、生活スキルを獲得する」、または「ある程度知識のある大人と発達障害の児童・生徒が1対1で学ぶ」ものが一般的です。

小学生の頃なら通常学級で上手くコミュニケーションがとれず「社会性を高める」機会が少ないため、週に数コマでも通級などの環境は必要です。しかし、中学生以降になると、将来的な実社会への適応を見据えた学びが、親としては欲しくなります。「発達障害の知識のある大人が管理監督する中、発達障害の人ばかりの集団」は、実社会には存在しません。

「息子の社会性が成長するまで、通常級は避けておきたい。通級ではおぼつかないから、中学ではひとまず特別支援学級がいいかもしれない」

中学進学に際して、私はそう考えました。私はかなり心配性なので、この決断は非常に慎重な考えになるかと思います。でも、息子のことで余計なリスクは背負わせたくないのです。

一方で、特別支援学級だと内申点がつかないことがあり、公立高校受験で困ることがあるという部分も納得しなければなりません。

それ以外にも、実際に特別支援学級への進学のため、調べて行動を開始して初めてわかったことがありました。特別支援学級のある中学校に通う場合、同じ区内に住んでいないといけない決まりがあるんです。ところが、肝心の特別支援学級併設の中学校の数は非常に少なく、1校もない区もたくさんあります。わが家の区内には併設中学校が残念ながら1校もなく、他の区にある中学校への越境入学も「その区に住んでいないため」不可能でした。つまり選択肢は在住区内の中学校の通級しかない、ということになります。

「それなら、発達障害に理解があって、支援教育が充実している私立中学校を探そう」

息子の成長と将来を考えると「それ以外に選択肢がなかった」んです。

4年生頃から、該当しそうな関東近郊の学校を調べ、詳しい方々に情報を聞いて、息子に合いそうな学校の説明会や体験学習に片っ端から参加しました。そして、良さそうな3校を志望校にすることにしました。

第1志望に考えていた神奈川県横浜市にある私立中学のA校は、少人数で教員1人1人の発達障害への知見が高く、施設そのものも発達障害への配慮があり、個人に合わせた支援や教育も受けられるという、理想的な学校でした。

「ぜひ息子をここへ通わせたい！」

6年生の11月には息子が歩いて通学できるように、学校の近所にある物件を探しに行くくらい、本気の本命校でした。

そんな状況で、なぜ「麻布受験」となったのか？

これは、2019年、息子が3年生の時までさかのぼります。当時私は、縁あって千代田区立麹町中学校の〝学校改革プロジェクト〟をお手伝いしていました。その先頭に立っていたのが、後に日本教育界の〝革命家〟と言われるようになる麹町中学校の工藤勇一校長（当時）でした。2015年から工藤校長と改革をご一緒させていただく中、私は息子の発達障害の話を一度もしませんでした。しかし私は「いじめ被害」や「最適な転校先が見つからない」などで悩み尽くし、恥を忍んで2019年に工藤校長に息子のことを相談しました。

「なんでもっと早く言ってくれなかったんですか！」

工藤校長はそうおっしゃると、すぐに息子に合いそうな専門家と繋いでくださったり、イベントに誘ってくださいました。その都度、息子とこまめにコミュニケーションもとっていただき、そんな中で工藤校長から、不意にこんな言葉をいただきました。

「赤平さん、息子さんには麻布が合うと思いますよ」

この時、工藤校長からは、麻布の〝自主自立〟の精神、自由な校風、独自の学習スタイルなどが「息子に合っている」と説明していただきました。

岩手県出身の私は、中学受験とは無縁の世界で育ちました。そんな私でも「麻布」という名前は聞いたことがありましたが、本当に〝聞いたことがある〟程度で「偏差値の高い進学校」くらいのイメージしかありませんでした。

「麻布の受験は、どんな問題が出るんだろう？」

アマゾンで麻布の過去問を買って、パラパラと数学の問題を見てみました。私は高校時代、最も得意だったのが数学で、センター試験では得点の稼ぎ頭、私立大学でも数学受験をしていました。

「難しいとは言っても小学生の算数なら、それなりに解けるだろう」

ところがまったくわかりません。手も足も出ませんでした。あまりの難しさに、私はそっと過去問を閉じ、本棚の隅に押し込みました。

40 なぜ「麻布が志望校」になったのか

小学校高学年になっても、勉強内容は変えませんでした。**朝の勉強やスキマ時間に10分ずつプリントをやる、年2回の四谷大塚の『全国統一小学生テスト』を受験**する、というスタイルです。ただ**5年生の終盤から、不定期に日能研の模擬試験を受ける**ようにしました。その理由は2つ。

1つ目は、**中学受験の本番までに「テスト慣れ」させる**ため。2つ目は**「過集中」による吐き気が起こらないようにする**ためです。

ADHDには過集中という、過剰に集中してしまう状態になることがあります。ものすごい集中力で作業を終わらせるというメリットもありますが、その反動で体調を崩してしまうなどのマイナスもあります。

1年生の初めての夏休みの時、息子は夏休みの宿題を1日目の夜にすべて終わらせてしまいました。過集中が起こり、私がやめさせようとしても止まらず、額に触れるとヒートアップしたパソコンのように高熱を発していて、恐怖を感じるほどでした。以前、模試の最中に過集中を起こし、「気持ちが悪い」と、途中で試験が受けられなくなったことがありました。そこで、模試慣れをして過集中をコントロールし、気分が悪くなることを予防しようと思ったのです。

四谷大塚も日能研も、模試を受けるにはインターネットで申し込みをするのですが、6年生になると必ず〝志望校〟を入力する必要が出てくるのです。息子の第1志望は、発達障害に手厚い私立中学A校です。ところが、この学校は〝いわゆる中学受験〟の対象校ではなかったため、入力の際の〝志望校候補リスト〟の中に含まれていなかったんです。とは言っても、志望校を入力しないと申し込みが完了しません。

「とりあえず麻布にしておこう」

まったくその気はありませんでしたが、唯一知っていた対象校が、工藤校長から言われた麻布だったので、以降毎回「麻布」と入力することになりました。

当然もれなく、模試の結果には麻布の合否判定がくっ付いてきます。判定結果は毎回「再考」。「志望校を考え直してください」という意味です。でも「とりあえず書いている」だけでしたから、息子も私も気にしません。

たまに、自宅で問題集を解いていて〝出題：麻布中学〟と書いてあると、

「これは麻布の入試問題だったんだね」

と、ほんのり親子の話題にあがることはありましたが、だからと言ってそれ以上、盛り上がることもありませんでした。私にとっては、あくまでも模試を受けるために「書かざるを得なかった麻布」でしたが、息子は少しずつ麻布を意識するようになっていたのかもしれません。

41

〝小学生テスト〟で「まさかの偏差値70」事件

6年生の11月、中学受験直前、そして1年生から受け続けた息子にとって今回で最後となる『小学生テスト』が行われました。

その結果に驚きました。息子の偏差値が70を超えていたからです。

小学校高学年になってからは、平均50台半ば。それがここに来て突然の70越え――。

志望校に入力した麻布はA判定。いつも〝再考〟だったのに、です。

四谷大塚も日能研も、塾に通っていない〝外部生〟が模試を受ける場合、塾の教室や提携塾の教室を使って受験させてくれます。ただ、自宅近くで毎回受験できるわけではなく、受験枠が残っている教室での受験となるため、模試受験人数が増える6年生の後半は自宅近くの教室がいつも一杯で、都内から離れた千葉や神奈川、埼玉への〝遠征〟でした。この息子との模試遠征の帰り道には、試験を頑張ったご褒美に美味しいものを一緒に食べたり、ゲームセンターで息抜きしたりしていました。進学校を目指す〝いわゆる中学受験〟ではない息子と私にとっては、模試の結果に一喜一憂する必要がなかったので、小旅行気分だったのです。

外部生の模試の結果返却時には、必ず塾に受け取りに行く必要がありました。その際、入塾の勧誘も兼ねた「塾講師と親の面談」も必ずセットになっています。

この最後の『小学生テスト』の時も、私は結果を受け取りに行きました。すると塾の方から最初にこう聞かれました。

「赤平君は、どちらの塾に通われているんですか？　SAPIXですか？」

「塾は行ってなくて、家で勉強を見ているんです。息子は発達障害があるので……」

「家庭学習だけですか!?　どんな方法なんですか？」

私はこれまで行ってきた生活面の支援や勉強方法を説明しました。

「いやぁ、すごいやり方ですね……。これまで、そんな風に勉強しているという話、聞いたことがありませんよ」

受験直前の11月に起こったこの「偏差値70」事件は、私にとって1つの区切りとなりました。そもそも、

「小学生テストで全国上位に入れば、学校でいじめられなくなる」

これが、模試を受け続けた理由です。でも残念ながら、息子の順位はまったくあがらず偏差値50台をウロウロ。高学年になると、いじめはほとんど無くなっていたので、テストを受ける大義は失っていましたが、それでも続けてきました。

「最後の最後でいい成績がとれて、頑張りが目に見える形になって良かった。息子の自信になった」

そう思っただけで、この時点でもまだ決して、麻布受験は考えませんでした。

42 受験2か月前の「麻布受験宣言」

いよいよ6年生の12月、私立中学への願書提出期限がやってきました。

私は予定通り、第1志望である発達障害に手厚い横浜のA校と、そこがダメだった時のために都内にある第2志望のB校、神奈川県にある第3志望のC校、この3校の願書を書いて、息子に2月の受験スケジュールを伝えました。B校もC校も発達障害に配慮のある学校で〝いわゆる中学受験〟の学校ではありませんでした。

その時、私は何の気なく、息子に聞きました。

「麻布はどうする？　受けてみる？」

「もし受かったら、どうする？」

息子は考える間もなく、すぐにこう呟きました

「麻布に行けるなら、行ってみたいな」

驚きました。息子は意思決定に時間がかかるタイプで「どうしようかな……やったほうが良いかな？」と、迷ったり、自分で決めきれないことが多かったからです。

「ひょっとしたら、この瞬間は息子の人生の分岐点かもしれない……！」

直感した私は、息子の覚悟を確かめるべく畳みかけました。

「お父さん、〝ダメ元〟みたいな考えは嫌だよ。やるんだったら勝つために徹底的にやるよ？　絶対に合格する戦略を作るよ？　勝負するぞ？　それでもいいの？」

「うん、やる」

息子は、即答でした。

この時点ですでに、私にとっては〝勝ち戦〟だと確信しました。麻布受験の合否の話ではありません。子育てをする中で、**成功、失敗は関係なく「死に物狂いの努力」「限界を突破する経験」をさせたい**、とずっと考えていました。努力して限界突破することこそが、私自身が過去に感じた〝成長の鍵〟ブレークスルーポイントだったからです。でも、息子は日常を生きるだけでも精一杯で、すでに頑張っています。

「これ以上の負担やストレスは、果たして大丈夫なのだろうか？」

「二次障害のリスクになってしまうんじゃないか？」

そう思って、ずっと〝限界突破〟トリガーは控えていたのです。

でも、もしここから**息子が本気で麻布受験に挑戦して、限界突破する努力を経験できれば、最後に「やり切った」と言えるなら、結果がどう転んでも、合格でも不合格でも得難い財産になる**はずです。それは私にとっての勝ち戦なのです。

2022年12月、こうして息子の麻布受験は突然に、そして慌ただしくスタートしました。

ただ、その時点でまったく準備をしていません。麻布の学校説明会にも行っていませんし、麻布がどこにあるのかすら知りません。

「あ！　出願はまだ間に合うよね？」

私は、慌ててスマホで麻布のホームページを探しました。入試日は2月1日。残された時間は2か月を切っていました。

43 MBAで教わった「仮説思考」を使ってみた

息子の〝麻布宣言〟を聞いた夜、私は焦りました。

「時間が少ない中で、結果を出さなければならない」

「これから塾に通ったりする時間もないし、そもそも息子は発達障害の影響で塾で勉強できないから自宅学習をしてきたわけだし……」

〝いわゆる中学受験〟をまったく考えていなかったので、試験まで2か月で何を準備すればいいのか、その手掛かりがありませんでした。

「やるからには、勝てる道筋を必ず見つける」

「今ある戦力と限られた時間で、合格まで持っていくにはどうすれば……」

その時、頭に浮かんだのがMBAを学んだ時の恩師で、元ボストン・コンサルティング・グループ日本代表の内田和成教授（当時）の著書『仮説思考』。著書の中で内田教授は**「仮説思考は限られた情報、少ない時間でベストな解を出す方法」**と書かれていたことを思い出しました。

- **限られた情報＝私が麻布受験の知識が無いこと。**
- **少ない時間＝麻布受験まで残り2か月。**

まさに私たちの状況にピッタリと当てはまっています。このタイミングこそ、仮説思考を使うべきだと判断しました。まずはネットの情報やＳＮＳ、動画などから麻布のことを調べてみると、２つのことが気になりました。

１つ目は、麻布の試験問題は「思考力が問われる出題が多い」ということ。息子は定期的に発達検査・ＷＩＳＣを受けてきました。その結果から、思考力が特に高いことはわかっています。

思考力が問われる麻布の問題に合っていそうですが、一方で息子は、「情報を処理する能力」が相対的に低いという結果も出ています。その影響で記述が極端に苦手な特徴がありました。『数学検定』を１級まで取らずに途中で断念したのも、記述式の解答が書けなかったからでした。『全国統一小学生テスト』とは別に受けていた直近の日能研の模試でも、記述式の解答はほとんど書けていません。麻布の入試問題は「記述解答の割合が非常に高い」という特徴があります。

記述が壁となって、麻布の問題との相性は最悪だろうと思いました。

2つ目に気になったことは、6年生になってからの『全国統一小学生テスト（四谷大塚の模試）』と日能研の模試では、日能研の偏差値のほうがおよそ5〜10ポイント低くなっていたことでした。日能研での偏差値が50代半ば前後のところ、『全国統一小学生テスト』の偏差値は50台後半〜60台、最後の模試に限って言えば、その差は20ポイント近くもありました。

「この差は、どうして生まれるんだろう？」

受験者の学力レベルに、そこまで大きな差があるとは考えにくい。両者の違いは『全国統一小学生テスト』は、記述の無いマークシート式の解答方式で、日能研は記述のある一般的な解答方式ということです。それまでの私は、「息子は記述が苦手だから、記述のある日能研が低くてもしょうがない」と短絡的に考え、思考停止していたのですが、ここでもう一度、内田先生の仮説思考を思い返してみました。

マークシート式なら回答できるということは、**「答えがわからないから記述が書けない」のではなく「答えはわかるけど記述そのものが書けない」**のではないか？

その仮説をもとに、解答できなかった日能研の記述問題を、〝口頭で〟答えさせてみると、かなり独特な言い回しで話は長いものの、正しい答えを話すことができたのです。息子の頭の中にある情報が多過ぎて整理できておらず、その情報を出す〝蛇口〟が詰まっているように感じました。

以前、発達障害動画メディア『インクルボックス』でインタビュー取材をした、国内外で障害者就労や障害研究を行っている中尾文香さんは、

「発達障害者には彼らの世界観があり、対話でお互いに知ることが当事者のパフォーマンスにとても重要」

だと言います。振り返ってみると、私は小学校6年間毎日、登下校と習い事に同行して息子とコミュニケーションを取るようにしていました。一般的な父と子の関係よりも、会話量は多かっただろうと思います。

「発達障害の息子には特有の世界観があって私にも私の世界観がある。同じではない」

中尾さんの言葉通り、やはり当時からそう何となく感じていました。そのような経

緯から、息子が記述を書けない理由が、情報を処理する能力が相対的に低いことに加えて、固有の世界観から「独特な情報取得と思考のルートを辿っているためでは？」と感じていました。

麻布の問題は、進学校や難関校と言われるほかの私立中学と比べても「特殊過ぎる」とよく言われます。「記述問題の中でも〝思考〟を問う問題が多い」ことに加え、「大学受験の入試問題よりも長い問題文」があることから、そう言われているのです。

つまり、麻布の入試では、この3点が問われていると感じました。

①長大な文章を速く読む力。
②深い思考力。
③考えたことを書く力。

保育園時代に先生から「大人の文章も読めている」と言われた息子の読むスピードは、6年生時点で私よりもずっと速くなっていましたから、①は問題ありません。思考力は息子の一番得意な部分です。②もクリアできる。つまり、**「相性最悪」だと考**

えていた麻布は、③さえ克服できれば合格の可能性があるということです。

「受験まで残り時間が少ないなら、知識を増やすより、持っている知識をスムーズに書ける練習をした方がいいのではないか？」

「麻布は記述問題が多いのだから、記述力を高める以外に偏差値を急増させることはできないのではないか？」

〝麻布宣言〟があった日の深夜、仮説思考で問題が整理されて〝極細〟ですが合格への道筋が見えてきました。

44 「お父さんと〝ギャンブル〟しないか？」息子に提案した「勝負の一手」

内田先生の仮説思考に加え、私はもう1つの戦略を麻布受験に使用しました。

それがMBAで教わる戦略の中で最も有名なものの1つ、競争戦略研究の第一人者であるアメリカの経営学者・マイケル・ポーターの**「差別化集中戦略」**です。

差別化集中戦略を端的に言うと、**「攻めるフィールドを限定すること」「戦力を自分の強みのある部分に集中させること」**です。そして、この戦略は「投下できる資源（資金）が少ない」時に効果を発揮します。

大手チェーンを押しのけて、北海道内での強さと人気を誇っているコンビニチェーン・セイコーマートや、他県からの買い物客がいるほどファン創造に成功した仙台のスーパー・主婦の店さいちも差別化集中戦略の成功事例です。また私の古巣であるテレビ東京の成功したいくつかの番組も、この戦略に則ったものでした。

これを息子と私の状況に当てはめてみます。

・投下できる資源が少ない＝受験までの時間が少ない。

・攻めるフィールドを限定する＝記述問題の練習に絞る。

・自分の強みに戦力を集中する＝息子の強みである思考力で勝負。

「受験まで残り2か月、息子の置かれた状況は差別化集中戦略を使うしかない」

そう考えて、翌日、息子にこう提案しました。

「今のままだと、麻布には絶対に受からない。だから……」

「お父さんと、ギャンブルしてみない？」

仮説思考と差別化集中戦略から行き着いた、麻布試験対策はこの2つでした。

・ギャンブル①　暗記や問題集への取り組みを、しない。

・ギャンブル②　記述の練習だけを、する。

国語、算数、理科、社会、全4教科の一般的な勉強――漢字読み書きや知識の暗記、計算など全部捨てて、「書くことだけを練習する」ということ。記述力アップだけに完全に振り切った作戦です。

記述力を上げるために2つの教材を使用しました。1つ目の教材が、**山川出版社の教科書『詳説・日本史』**です。

なぜ〝山川の日本史〟だったのか、というと入試までの時間がない中で、「たまたま家にあった」から。息子が小学1年生の頃、日本史や世界史の学習マンガを読んでいた時に、「もう少し内容が深くて読み応えがあるものも読むかな……？」と、私が買ってきたものです。

当時の息子は関心を持たず、〝山川の日本史〟はずっと本棚の奥にしまい込まれていたのですが、麻布受験の2か月前にふと思い出して引っ張り出しました。

この**〝山川の日本史〟を「ただひたすら要約する」**という課題を徹底的に息子にやってもらいました。あらかじめ、要約する範囲と使うキーワード、文字数、制限時間を決めて、息子に伝えます。

「20ページから21ページまでの内容を、この3つの言葉を使って80字に要約してみて。制限時間は3分」

この要約作戦では、とにかく「頭の中にある情報を整理する」という作業を最優先しました。読む速度の速い息子は、情報を頭の中にたくさん入れることは得意です。それを**取り出す力をつけることが目的でした。同時に〝山川の日本史〟を要約していれば、自然と歴史の知識も頭に入っていくはずで効率的**だと思いました。

2つ目の教材が、**中学受験の国語限定の過去問**です。

通称〝銀本〟と言われるもので、大学受験の過去問集を〝赤本〟と言いますが、その中学受験版です。銀本には公立中高一貫校向けのものや私立中高一貫校共学校向けのもの、男子校向けのものなどがあります。

6年生の春頃に私がなんとなく購入した国語の銀本が、指一本も触れられることなく本棚に入っていたのを思い出し、使用することにしました。**漢字読み書き問題や抜き書き問題、選択問題は全部飛ばして、息子には記述式の問題だけ**を解いていってもらいました。

そして、ここが少し大事なところですが、**「山川の日本史の要約」も「国語の過去問の記述」も、解答は正解でも不正解でも、まとまっていなくてもOK**にしました。丸つけもしませんでした。とにかく、

「制限時間内に、書かれている問題文を整理して文字数内に書く」

その一点集中。答えがわからないなら、「答えを見ながら書いてもいいよ」というくらいまで、「書く」ことだけに集中させるようにして、書きっぱなしで次の問題、また次の問題、次の要約……と取り組んでいきました。

正誤にこだわって採点をしたり細かい確認作業をしてしまうと、私が採点する時間やそれを説明する時間で、5分、10分……と貴重な時間が失われてしまいます。

要約と記述問題、この2つを合わせて「1日2000字、書く」ことを目標に毎日

続けました。残された時間がない中で〝質より量〟という選択しかなかったのです。〝2000字〟という数には明確なデータによる裏付けはありませんでした。ただ、私の大学院受験時が、今回の麻布受験と似たような状況でした。試験日まで2週間しかないという中で受験を決意した私は、過去問など毎日2000字の記述トレーニングをして運良く合格しました。筆記試験以外にレジュメや面接、経歴も影響するので私が筆記試験でいいスコアを取れたのかどうかは不明ですが、とにかく合格したという実績を出した2000字であることは確かです。麻布受験までに検証する時間もないので、「実績のあったものは何でも使おう」という背に腹は変えられない心境でした。

ただ、麻布の合格平均得点がほかの〝御三家〟よりも低く、ボーダーラインは60％程度というデータがありました。記述問題が多いことから、何か書くことさえできるようになれば、満点は取れなくても部分点が取れるはず。100％、90％ではなく、60％、70％を取れば合格水準に達します。

「知識量を増やすより、記述力を上げて部分点狙いがいい」

「残り時間を考えたら、やはりそれしかない」

記述式解答の練習を始めた当初、息子は1文字も書けなかったり、書けても内容が滅茶苦茶だったりという状態でした。

ところが、ひたすら数をこなすうちに、段々と解答用紙のマス目を埋めることができるようになっていったのです。

45 残り14日で気づいた「父の致命的な失敗」

年が明け、2022年1月。受験生が塾で最後の追い込みをする中、息子は記述特化、受験の知識勉強はしない、受験生としては相当に偏った勉強をしていました。

そんなある日、いつものように学校へ息子を迎えに行くと、クラスメイトのお母さんから、「赤平君は受験をするんですか？」と尋ねられました。

「横浜の発達障害に手厚い私立を受けます」

と答えると、そのお母さんはこう言うのです。

「じゃあ埼玉や千葉を受けるんですね？」

会話がまったく噛み合いません

これは後に、中学受験をテーマにしたマンガ『二月の勝者』を読んで知ることになるのですが、「埼玉や千葉を受ける」というのは〝前受け〟という中学受験の基本戦略のことだったのです。

中学受験では、麻布を含め都内の難関校、進学校と呼ばれる私立中学校のほとんどが2月1日〜4日までの間に入試を行います。その前、1月に行われる千葉県や埼玉県にある私立中学の入試を第1志望校の〝予行演習〟として受けることを〝前受け〟と言うのです。そんな基本的なことも知りませんでした。

そして、致命的なミスにも気づきました。

「麻布の過去問、やってない！」

大急ぎでアマゾンで購入しようとしたところで、思い出したんです。

「工藤先生に〝麻布が合うと思いますよ〟と言われた時に、過去問を買ってどこかに仕舞った！」

私は慌ててクローゼットを漁りました。難し過ぎて静かに仕舞ったままにしていた麻布の過去問を、探して見つけ出したのが2023年1月17日。**受験本番まで2週間。**

この日から2日に1度のペースで、本番とまったく同じ時間割で過去問をやるようにしました。今度はもちろん採点します。

採点結果をグラフ化してみて、驚きました。

結果がどんどん伸びていたんです。

記述練習していた国語はもちろん、算数、社会、理科も右肩上がりに点数が伸びていきました。記述力がアップしたことで、全科目で答案作成能力が上がったことを示しています。「麻布は記述」というのは国語に限らず、ほかの科目でも言えることで、記述特訓は全科目で効果が出ていました。次第に、4教科合計で合格ラインを優に超える得点を取れるまでになりました。

46 〝挑戦して限界突破〟しただけで「すでに勝ち戦」

受験2か月前の麻布対策は、〝山川の日本史〟要約と国語の記述問題を合わせて2000字、そして過去問、この3点でした。

そして、この頃、新たに導入したインフラが**「スタンディングデスク」**でした。息子はじっと座って勉強するのが苦手で、集中力も途切れやすい。でも受験までの2か月は勉強時間を増やしたい。そう考えていた時、ふと、私が起業したばかりの時のことを思い出しました。

私はアナウンサーの仕事と並行で、発達障害動画メディア『インクルボックス』を立ち上げました。アナウンサー、家事全般に一般的な子育て、発達障害の息子の生活のケアと学習ケア、ここに起業が加われば当然、時間がまったく足りません。なんとかして作業効率を高めたいと色々調べていた際、YouTubeでメンタリストのD aiGoさんが、「自分はいつもスタンディングデスクを使って仕事をしている。集中力が上がりやすい」と話していたのを思い出しました。文字通り、立ったままで使う作業机です。

「あの机が息子に使えるかもしれない」

アマゾンで探してみたところ、学習机の上に載せる卓上タイプなら1万円程度。すぐに購入して、私のためではなく息子の学習に使ってみました。

すると驚くほど、効果がありました。以前より息子の集中力が持続するようになったのです。

朝、一日1時間の勉強だった息子が、毎日4～5時間の集中が可能になっていきました。

これは息子とスタンディングデスクの相性が良かったのか、あるいは発達障害の過集中だったのか、検証する時間もなかったのでわかりませんでしたが、ギリギリの土壇場で本当に助かるアイテムでした。

2月1日、いよいよ麻布の入試当日。試験会場となる校舎の手前で私は息子と、両手でハイタッチを3回しました。模試の時から行っていた試験前のルーティンです。**集中力を高めるための切り替え効果、スイッチを〝オン〟にする**という意味があります。私ができる最後のサポートです。

「よし、行ってらっしゃい」

「行ってきます」

いつも通りの表情で、たった1人で、受験会場へ向かう息子の後ろ姿に、私はなぜか涙が出ました。息子を見送った後、麻布の敷地を出て、近くのカフェに行きました。

「……ふぅ、終わった」

コーヒーを飲みながら、息子の小学校

6年間を思い出していました。

初めての授業参観の時、床に寝転がって本を読んでいたこと。

授業中に教室から飛び出してしまうこと。

いじめられて「僕は何も悪いことしてないのに、なんでかなぁ」と涙を流したこと。

それでも学校が好きだったこと。

不器用だけど何事にも全力だったこと。

毎朝眠くても勉強したこと。

毎日習い事で大忙しだったこと。

ここまで書きながら振り返ってみれば、小学1年生からずっと、学校で、生活の中で、勉強で、数え切れないことをやってみました。続けてきました。成功も失敗もたくさんしてきました。

麻布受験は、息子にとって、限界突破を経験する最高の機会だったと改めて思いました。


午後、すべての試験を終えた息子が私を見つけて走り寄ってきました。いつになく、少しテンションが高い様子です。

「お疲れ様」

すると開口一番、息子はこう言いました。

「今までで一番できた！　手応えがあった！」

これまで、そんなことを口にしたことは一度もありませんでした。『小学生テスト』の模試でも『算数・数学検定』でも、「どうだった？」と手応えを尋ねると、決まって「わからない……」と答えるのです。

そんな息子が「できた」とはっきり、自信満々に言い切りました。

その言葉を聞いただけで私には十分でした。

私はもうギャンブルに勝っていました。

結果はわかりません。でも合否に関係なく、息子は自分の限界に挑戦して、突破して、やり切った。それを、手に入れることができた。

私の人生で、間違いなく一番嬉しい瞬間でした。

47 麻布合格で「親が考えなければならないこと」

2月3日。麻布の合格発表日です。

その日は、当初の第1志望校だった発達障害に手厚いA校の受験日でした。午前中に試験を終えて、帰りにレストランでご褒美にちょっと豪華なランチをして帰宅すると、麻布の合格発表の時間が迫っていました。

「じゃあ、麻布の結果を見てみようか」

私が促すと、息子はパソコンで合格発表サイトを開きました。


「……あった!!」

2か月間、息子は全力で麻布を目指し、そして合格という目標に到達したのです。

大喜びする息子を見て、もちろん私も嬉しさがありましたし、コツコツと目標へ向かって歩き続けた息子を、心から褒めてあげたいと思いました。

でも、正直に言えば、私は合格を手放しで喜べませんでした。

発達障害のある子どもの親として、合格を素直に喜んでいる息子に、**「伝えなければいけない」「考えさせなければいけない」ことがあった**からです。

それは、合格することと実際に進学することは、切り分けて考えなければならない、ということ。そして、待ち受けているであろう麻布でのリアルな学生生活を、息子に気づかせなければならないということです。ここから2週間は、心が張り裂けるような辛い毎日でした。

私が苦しんだ理由は、おもに2点でした。

1つ目は**「環境の激変」**です。小学校時代は通級があって、さらに〃加配制度〃のおかげで、いつも助けてくれるサポートの先生がいました。加配制度とは、通常の先生の人数に追加して、障害のある児童の学校生活を支援する教員やスタッフが配置されることです。

でも私立の進学校である麻布には、通級も、サポートしてくれる先生もいません。

公立の小学校には発達障害への〝合理的配慮の義務〟があり、息子の学校生活での困難などを相談すると、可能な範囲で対応してもらえましたが、麻布は私立ですから、小学校と同等レベルの合理的配慮への対応は難しいかもしれません(注：法改正によって2024年4月からすべての学校で義務化されました)。

ネット上の情報を見てみると、「麻布は〝自由と自立〟。ちょっと早い大学生生活が送れる」とありました。とても素晴らしい学校環境だと感じる一方で、これまでずっと周囲の大人からの配慮と支援を受けてきた息子が、いきなり「自由という名の、意思決定と責任」を負うことに、大きな不安を感じました。

子どもの成長には当然必要なことですが、これからは、息子が1人で電車に乗って登下校し、教科書を整理・管理して宿題や日々の行事に対応する——小学校では経験したことないものだらけです。これまでの生活とのギャップはあまりにも大きく、変化があまりにも急激過ぎると感じました。発達障害にとって、急激な環境の変化は、大きなストレスとなって二次障害のきっかけになることもあり得ます。

2つ目は**「麻布卒業後の不安」**です。

あくまでも一般論ですが、麻布へ進学するということは「大学進学を目指す」ということです。もちろん、大学進学しない選択肢を選ぶ麻布の卒業生もいますが、大多数は大学に進みます。大学進学のその先は、就職して会社員になるという道が一般的でしょう。良い大学に行くことは、良い会社に入る可能性を高めることでもあり、裏返すと、「良い会社に入るために良い大学、良い高校、良い中学に入学する」ということになります。時代が変わりつつある昨今、ひと昔前に比べればこうした考え方ではない生き方も増えていますが、大多数はこうした道を歩みます。

仮に、息子が大学に進学できたとしても、「大学生活を無事に過ごせるのか?」という不安が、まずあります。

文部科学省の学校基本統計によると、2023年度、全国の小学生数は約604万9000人。そのうち、発達障害と診断された人数を調査結果から推計するとおよそ53万人。全体の8・8%です。大学生数およそ263万3000人のうち、日本学生支援機構の2023年度の調査によると発達障害は1万人強、全体のおよそ0・4%。このデータから、小学校の時は8・8%もいた発達障害が、大学ではその20分の1以下に減っていることがわかります。これはつまり、**発達障害で大学に進学し**

たケースが非常に少ないことを意味しています。

また**大学では、合理的配慮の取り組みを提供している割合は全体のおよそ60％であり、中学、高校以上に支援が期待できない**という結果になっていますから、発達障害の大学生活は安心できる状態とはいえません。

大学生活だけでなく、就職も不安です。発達障害は、ビジネスパーソンに向いているとは言いにくい面があるからです。

たとえば、周囲の空気を読んで組織で動くこと。そのために必要な社交性、高いコミュニケーション能力。同時並行で様々なタスクを進め、時間内、期限内に書類や資料を作成すること……等々、会社員生活で求められる能力は、いずれも発達障害を持つ人にとっては難しい場合が多いものです。

もちろんこれらは、あくまでも一般的な傾向としての話で、発達障害があっても会社員として働いている方もたくさんいますが、社会人や会社勤めに適応できず、心身に不調をきたして出社できなくなってしまう例や、合理的配慮をめぐる企業と発達障害当事者とのトラブルもたびたび発生しています。ここ数年、取り沙汰されるようになった、いわゆる〝大人の発達障害〟問題です。

息子が大学を卒業し会社員生活を円滑に進められるのか、私としては非常に不安でした。

もちろん、会社員以外の道へ進むことも考えられます。大学や研究機関の研究職、研究者という道は、息子の特性的にも向いているのでは、とは思っていましたが、これも決して簡単ではありません。身近にいる研究職の方に話を聞いてみると、会社員と同じように、大学内や学会内における社交性やコミュニケーション能力が重要だとわかりました。

私と息子は、元々、第1志望だった横浜のA校に進学して、学校では発達障害に理解のある先生たちの中でゆっくりと社会性を身につける。そして学校外で息子の特性を伸ばす習い事やセミナー、体験を積み重ねるという戦略を共有していました。その先、〝手に職をつける〟ことで、将来の生業にできればと思っていましたが、麻布に進めばそういう考え方は一度見直さなければいけません。

「息子にとって、どういう進路がベターなのか……」

どちらの学校――道に進むのか。入学申込期限である2週間以内に、決断しなければなりません。

48 最後の最後は「自分で決めさせる」

期限までの2週間、私は息子と徹底的に話し合いました。

私の役割は、正確な情報と選択肢を整理して、中学生になると何が起きて、どう変わるのか。どちらの学校に、どんな特色があって、どんなメリットとデメリットがあるかを包み隠さず丁寧に伝えること。**何を選ぶか、どこに進むかの意思決定は息子自身**です。私は、息子が小さい時からずっと、このやり方で接してきました。

ただ、ここで少々問題が発生しました。「麻布に受かった」ことで、周囲の人たちのリアクションが激変したのです。

受験の結果は「聞かれない限りは誰にも言わないことにしよう」と決めていたので、たまたま聞かれた1～2人にしか伝えていなかったのですが、話はあっという間に広まってしまいました。

「凄いね！」

「よく受かったね！」

小学校の保護者や習い事、行く先々、会う人ごとにそう声をかけられるようになり、合格以来、息子はずっとチヤホヤされっぱなしでした。

小学校6年間で「できないヤツ」「困ったヤツ」という目で見られ続けていたのに、評価が180度変わった状況を息子も感じていたはずです。息子のこれまでの人生で、これほど褒められた――認められた経験はなかったでしょう。でも私は、そんな変化に驚きを通り越して、恐怖すら感じていました。

「これはちょっと危険だぞ……」

私は、息子が浮き足立ってしまって、中学生活の見通しや意思決定が甘くなってしまうことを恐れました。私は、発達障害に手厚いA校と麻布、それぞれの良い所（メリット）と悪い所（デメリット）を彼にきちんと理解してもらった上で、進学先を選んで欲しいと考えていました。そこで、「しっかりと〝厳しい現実〟を伝えよう」と心を決めました。

「麻布に行くと支援が無くなるよ？　小学校は支援の先生がついていてくれて、身の回りの物とかも自分が管理できなくても手伝ってくれたでしょう？　宿題の範囲を忘れちゃっても、後からお父さんが先生に聞いたりしたでしょ？」

「麻布に行ったら、それを全部、きみが自分自身でやるってことなんだよ」

「キミが思っているような、これまでの学校生活ではないんだよ？」

「お父さんはA校がいいと思うよ」

麻布へ浮き足立ったまま麻布進学に傾きつつある息子に対して、反対的な意見をあえてぶつけました。しっかりと考えて欲しいからです。

「お父さんは厳しいから嫌い」

「考え方が僕とは合わない」

「お父さんとは二度と会いたくない」

仮に息子にこう言われても、まったく問題ありません。息子が幸せになれるなら、私はどれだけ嫌われても構いません。

このことは息子にいつも言っていますが、

「お父さんの幸せはただ1つ、君が幸せになることだけ。ほかに興味はない」

そのためなら、たとえ〝嫌われ役〟でも構いません。

私と息子は毎日1時間、2時間、時には数時間も、2週間の猶予期間ギリギリまで、「どっちの中学に行くか」、何度も話し合いを重ねました。息子は、私が突きつける厳しいリアルな麻布生活を聞いてしょんぼりしながらも「麻布に行く」気持ちが変わりません。私も私でA校を推し続けます。

そして「今日、決めて書類を出さないと入学できない」という本当に最後の最後、ギリギリになった時、息子が悔しそうに、こう言いました。

「……お父さんが……僕のことを心配してくれているんだから、麻布には行かないほうがいいんだと……思う……」

初めて息子が、麻布以外の道を口にしました。

私はもう一度「なぜそこまで麻布にこだわったのか」尋ねてみました。

息子は苦しそうに言葉を絞り出し、こう答えました。

「……麻布に行ったら、僕、変われる気がしたから」

このひと言に、私はハッとしました。同時に、とても辛い気持ちになりました。

「変われる」ということは、「変わりたい」ということ。

自分の何かが、嫌だったから「変わりたい」ということです。

それまで息子は一度も、「自分が嫌い」「自分はダメだ」なんて、言ったことはありませんでした。発達障害でよく見られる自己肯定感の欠如は、周囲の理解不足や支援の不足で起こりますが、息子にそんな気配はなかったのです。周りの子どもができることが自分だけできなかったり、クラスメイトにのけ者にされたり、一緒に遊んでもらえなかったりしても、いつでも明るく「みんな友達」「学校大好き」と言っていたのです。そんな息子も、どこかに、「嫌だ」という感情を持っていたということです。これだけ毎日一緒にいて、誰よりもコミュニケーションをとっていたのに、私はそれに気づくこ

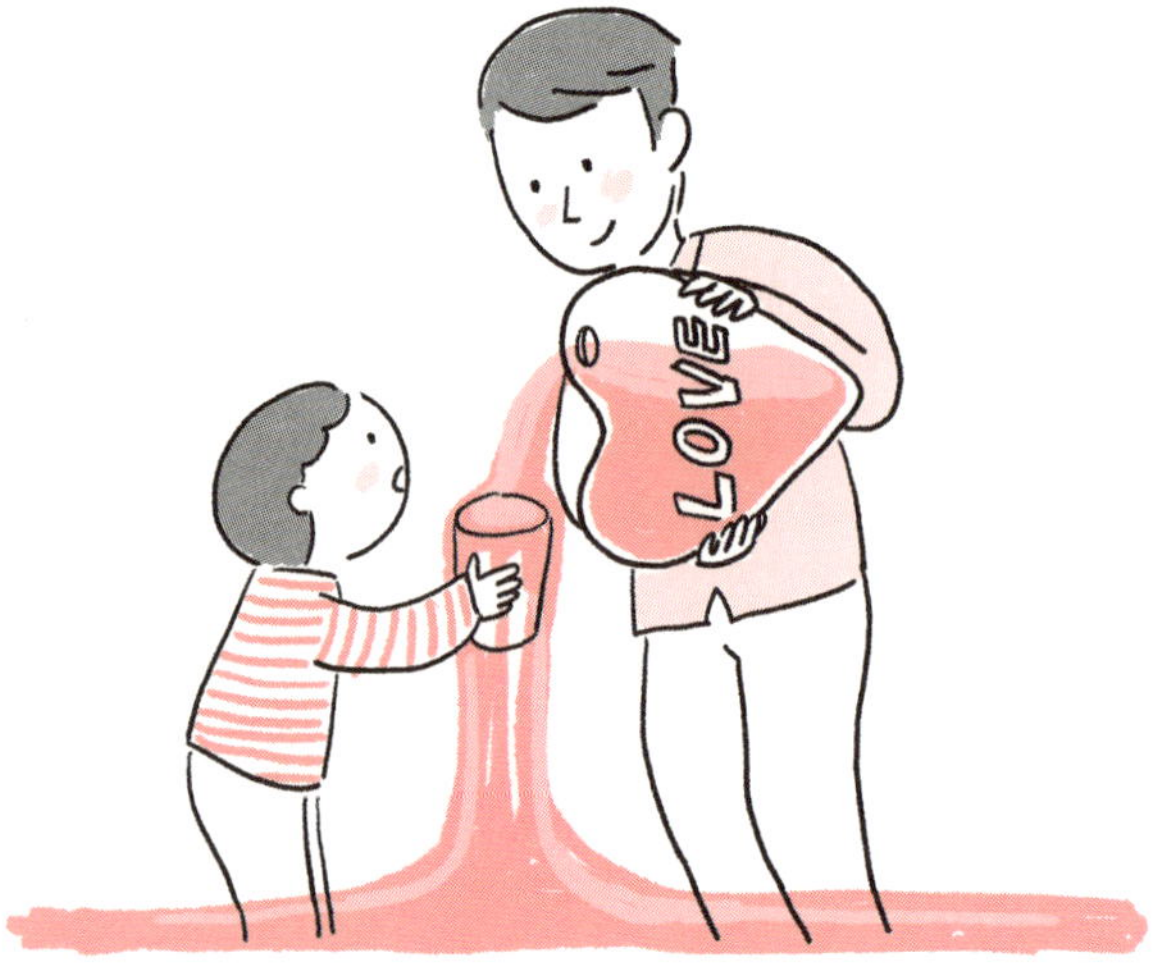

とができませんでした。

「弱音も文句も、何も言わずに、親を心配させたくないから、黙っていたのか……」

「麻布に行ったら自分は変われる」という可能性を本人が感じているなら、それなら、麻布にしよう。


麻布に行こう。


合格発表後の、長い長い話し合いが終わりました。

息子は麻布中への進学を決断しました。

そこから卒業式まで、麻布への通学を見据え、小学校へ1人で登下校をする練習も始めました。電車通学にもなるので、同時に1人で電車に乗る練習にも取り組みました。最初のうちは、私がこっそり後ろから見守っていましたが、フラフラしながらも何とか電車に乗れるようになっていきました。

そして春休みには、息子の祖父母のいる青森まで人生初の1人旅を経験しました。東京駅から新青森駅まで3時間半、東北新幹線の座席に座り続け無事に到着。帰りも

1人でちゃんと帰ってきました。旅程は3月末から麻布の入学式直前まで。行きは〝子ども料金〟でしたが、帰ってくる時は〝大人料金〟で。たとえどんなに、私が心配したところで、子どもは勝手に大きくなっていたようです。

その後、現在まで長期休暇のたびに、息子は青森一人旅をしています。

初の一人旅の時から、息子は祖父（私の父）の趣味である〝組子細工〟にチャレンジし、中学2年の夏休みにはコースターを完成させました。発達性協調運動障害で、字を書くのも箸を使うのも極端に不器用な息子が、細やかな作業もできるようになりました。

少しずつですが、本当に息子は「変わりたい」を実現し始めました。

おわりに

息子のおかげで私は「ワクワク」幸せであるということ

発達障害動画メディア『インクルボックス』を見た保護者の方から、先日こんなメッセージをいただきました。

「発達障害の子育ては、大海原にボートで浮かんでいる感覚」
「右か左か、北か南か、方角も分からないしゴールもわからない」
「でも、とにかく漕がなきゃいけない」

私はこの話に激しく同意しました。私自身、まさに毎日「漕がなきゃ……漕がなきゃ……!」と必死に漕いではいるけれど、陸も見えないし、気がつけば陽が沈んで辺りが暗くなってきている――そんな感覚で息子と向き合っていたからです。

この本で偉そうに書いてきましたが、舵取りを任されている私自身も決して人生の荒波を器用に漕ぎ回れるタイプではありません。失敗と回り道と行き止まりばかりの人生です。息子を愛する以外、何の才能もない凡庸な人間です。

もしも私がもっと能力のある人間だったならば、息子との向き合い方――子育ても勉強も、そして受験ももっと上手くできていたかもしれません。

ですから、胸を張って「答えはコレ」なんてまったく1つも断言なんてできないのですが、ただ1つだけ、読者の皆さんにお伝えしたいことがあります。

一番大切なこと、それは「見返りを求めない愛情」です。

発達障害を持つ子どもと向き合う時、支援をする側と支援を受ける側——つまり親と子どもの間に見返りを求めない愛情が無ければ、とても続けられないと思います。

親からすると、支援のために自分の時間をたくさん使ったのに、子どもの問題行動が改善されないと、とてつもない徒労に感じてしまうものです。そこで私は、**見返りをすぐに求めず「3年前に比べたら、良くなってきた」くらいの長期的な感覚を持つ**ように心がけています。


私は、言いたいことを上手く言えない息子の意見をどうすれば吸い出せるか、日々懸命に試行錯誤しています。その上で、常識やモラルが一般とずれがちな息子に、自分の考えを可能な限り伝える最適解を模索しています。

〝言うことを聞かせる〟わけではありませんし、〝振り回されている〟わけでもありません。納得した上で私の提案を息子に受け入れてもらい、息子の意見を私が取り入れています。

「僕のことを考えてくれている」

「きみのためを思っていると、きっとわかってくれる」

私は息子にとって、「一番の仲良し」であり「一番の理解者」「一番の味方」であり「一番怖い人」でありたいのです。そうあるために、局アナとして8年、フリーになって15年、四半世紀近い〝言葉〟のキャリアで身に付けたすべてを使って、息子に伝えています。アナウンサーになったのもまた、息子のためだったのかもしれません。

麻布生になった息子は、小学校の頃と同様に毎日楽しそうに通っています。

友人関係も小学校の時と同じく「みんなが友達」だそうです。

授業についていけているか不明ですが、毎朝1時間勉強は続けています。

給食が無いので、毎日弁当生活。私の起床時間が早まり毎朝4時になりました。

字は相変わらず汚いので、提出物で先生から赤ペンを入れられることもあります。

部活は楽しいようで、積極的に参加しています。

朝読む新聞は朝日小学生新聞から日経新聞になりました。

家での勉強は、少しずつ自分で考えて準備するようになりました。

長期の休みには、近所の図書館へ通って、1人で勉強できるようになりました。

学校の食堂でカレーをスムーズに注文できるようになりました。

帰り道、コンビニに立ち寄って、こっそりアイスを買って食べるようになりましたが、毎回きちんとレシートが財布に入っているのでバレバレです。


発達障害は100人いれば100通り。

何が得意で何が苦手か、その凸凹を理解しても、万人に共通する「100%これが正解」「絶対にこれが良い」という方法はありません。この中学受験だって、たまたま麻布の試験問題と息子の特性と作戦がマッチしただけで、麻布以外のほかの進学校を受けて合格できたか、と言えばそれは難しかったでしょう。やはり、1人1人に、1つ1つに、向き合い続けるしかありません。

でもただ1つ確実なのは、私は、私の人生のすべてを、息子の幸せのために使い切るということ。陸が見えない大海原でも、大嵐になっても私は全力でボートを漕ぎ続けるということです。

なぜなら、**こんなに「ワクワク」できる幸せなことは、ほかにない**からです。

この本が、皆さんの灯台となり、オールを少しでも軽くすることができたのなら幸いです。

2024年　9月

赤平　大

著者紹介　**赤平 大**（あかひら・まさる）

1978年９月13日、岩手県出身。アナウンサー。ナレーター。株式会社voice and peace代表取締役。2001年、テレビ東京入社。メインキャスターを務めた報道番組『速ホゥ！』をはじめとするニュース番組、バラエティー番組やスポーツ実況等を担当。2009年、退社しフリーアナウンサーに転身すると、ボクシングやフィギュアスケート、ラグビー等の実況や、番組ナレーション、経済番組キャスター、大学等で就職活動コンサルのほか、2015年から千代田区立麹町中学校の学校改革をサポート。2017年、早稲田大学大学院商学研究科を修了しMBAを取得。2022年から横浜創英中学・高等学校講師、2024年から代々木アニメーション学院で就活講師を務める。発達障害と高IQを持つ息子の子育てをきっかけに、発達障害学習支援シニアサポーターなどの資格を取得し、学校や企業向けの講演活動を開始。発達障害の知識を手軽にたくさん身につけるための動画メディア『インクルボックス』も運営。

動画メディア『インクルボックス』 https://incluvox.jp
note https://note.com/akahira_1978/

たった3つのMBA戦略を使ったら発達障害の息子が麻布中学に合格した話。

2024年11月15日　第１刷発行

著者　赤平 大

発行者　矢島和郎

発行所　株式会社 飛鳥新社
〒101-0003　東京都千代田区一ツ橋2-4-3 光文恒産ビル
電話　03-3263-7770（営業）　03-3263-7773（編集）
https://www.asukashinsha.co.jp

カバーデザイン　bookwall
本文デザイン　坂上恵子　渡邉真央（I'll Products）
撮影　山田智絵
イラスト　大塚さやか
制作協力　長谷川 華（はなぱんち）

印刷・製本　中央精版印刷株式会社

ISBN 978-4-86801-023-4

編集担当　石井康博

飛鳥新社
公式X

お読みになった
ご感想はこちらへ